Reinhart Lempp

Kinder können nerven

*Ein Handbuch
für gestresste Eltern*

*Über Familie,
Schule und Gesellschaft*

Diogenes

Diese Ausgabe beruht auf dem
1983 im Diogenes Verlag erschienenen Band
*Kinder unerwünscht. Anmerkungen eines
Kinderpsychiaters* und wurde
vom Autor behutsam überarbeitet und ergänzt
Nachweis am Schluß des Bandes
Umschlagfoto:
Copyright © Françoise Gervais / Corbis

Inhalt

Vorbemerkung

Vor über 20 Jahren, 1983, veröffentlichte der Diogenes Verlag eine Sammlung von zum Teil unveröffentlichten Aufsätzen von mir in einem Taschenbuch unter dem Titel *Kinder unerwünscht. Anmerkungen eines Kinderpsychiaters.* Es waren entweder Vorträge, die ich vor Eltern, in Schulen oder vor anderen interessierten Menschen gehalten hatte, oder kürzere Artikel für allgemeine Zeitschriften.

Als klinisch tätiger Kinder- und Jugendpsychiater stößt man regelmäßig und unvermeidlich auf Schwierigkeiten, mit denen Eltern, Lehrer und Lehrerinnen, Erzieherinnen in Kindergärten, aber auch die Kinder und Jugendlichen selber zu kämpfen haben. Diese Schwierigkeiten haben nichts mit Krankheit zu tun, sondern gehen auf Probleme zurück, die zwischen Menschen, vor allem aber auch zwischen dem einzelnen Menschen und der Gesellschaft und deren Sitten, Regeln und Gesetzen entstehen. Die einzelnen Aufsätze sollten helfen, diese Zusammenhänge besser zu verstehen und damit besser mit ihnen fertig zu werden. Sie sollten aber auch die Gesellschaft dazu anregen, manche Institutionen und

Gesetze auf ihre beabsichtigten Funktionen und ihre Wirkungen zu überprüfen und gegebenenfalls auch zu ändern.

Diese Aufsätze liegen auch dieser Neuausgabe zugrunde. Neu sind die Kapitel *Kind und Ehescheidung, Die Segnungen und Versuchungen der Elektronik und der Bildmedien* sowie *Gleichberechtigung des Kindes*.

In den vergangenen Jahren hat sich in der Pädagogik einiges getan, vieles hat sich durchaus positiv entwickelt. Bei der Lektüre dieses Buchs läßt sich aber auch feststellen, daß die meisten Probleme seit Jahren unverändert geblieben sind. Manch eines ist auch erst in letzter Zeit hinzugekommen – durch die zunehmende Veränderung der Familienstruktur und die rasante Entwicklung der Medienlandschaft, insbesondere der Bildmedien.

Dieses Buch ist also einerseits ein Ratgeber. Gleichzeitig ermöglicht es auch den Blick zurück: Was hat sich in der letzten Zeit *tatsächlich* verändert, was dagegen hat sich bloß verlagert und ist in anderer Form noch immer vorhanden? Deshalb wurden die Aufsätze bewußt behutsam aktualisiert.

Die verschiedenen Schwierigkeiten zwischen Erwachsenen und Kindern beruhen meist nur auf Mißverständnissen, Vorurteilen oder Ungeduld. Sie führen aber manchmal dazu, daß Erwachsene Kinder als eine Plage empfinden und sich von ihnen genervt fühlen. Gelegentlich haben die Kinder auch genügend Grund, die Erwachsenen zu nerven, wenn diese beispielsweise von ihnen nur erwarten, daß sie funktionieren und keine Mühe machen. Das ist schade, denn Kinder sind nicht nur dazu da, unsere Rente zu garantieren, sie können auch von klein auf ihren Eltern Freude machen und deren Leben einen Sinn geben.

Stuttgart, Januar 2006

In der Familie

Störende Kinder – gestörte Kinder?

Die Mutter ist verzweifelt. Sie kommt mit Ralf, ihrem sechs Jahre alten Sohn, nicht zurecht. Nicht nur, daß er sich nicht wie ein Sechsjähriger, sondern wie ein viel kleineres Kind benimmt, vor allem gegenüber der Mutter; nicht nur, daß er ein Zappelphilipp ist, keine Ruhe beim Spielen hat und sich im Kindergarten nicht einfügen will, er spricht auch noch nicht richtig, vertauscht Silben, spricht undeutlich, stammelt und stottert.

Außerdem näßt er noch immer nachts ein, geniert sich zwar deswegen vor der Großmutter und dem Stiefvater, sagt aber zur Mutter, er dürfe das noch, er sei noch klein. Schließlich schaukelt er auch nachts im Bett und schlägt mit dem Kopf gegen die Bettwand, schon seit seinem zweiten Lebensjahr. Zwar hat sich manches in der letzten Zeit gebessert, vor allem das Sprechen, aber sonst sieht die Mutter keinen Fortschritt. Sie ist am Ende. Sie hat auch schon viel mitgemacht im Leben. Ihre Ehe mit dem Vater von Ralf war ein Unglück, schon als sie in anderen Umständen war, hat sie bereut, den Mann gegen den Willen ihrer Eltern geheiratet zu haben. Er war ein Betrüger, ein Tunichtgut, und hatte sie geschlagen. Sie überlegte sich, ob sie das Kind zur Adoption freigeben solle. Zum Kind war der Vater dann zwar freundlich, ja er verwöhnte es, um es gegen die Mutter zu beeinflussen. Als Ralf zwei Jahre alt war, verschwand der Vater. Die Großmutter sage heute noch, Ralf werde wie sein Vater, und sie, die Mutter, fürchte das auch. Inzwischen hat sie wieder geheiratet, fühlt sich wohl, möchte aber die Zeit mit Ralfs Vater am liebsten vergessen, ungeschehen machen. Sie ist Bankangestellte in der nahen Kleinstadt, es gefällt ihr im Beruf, und alles wäre gut, wenn nur die Sache mit Ralf nicht wäre.

Auch Ralf hat schon manches mitmachen müssen. Er kam nach einer Nierenkrankheit seiner Mutter während der Schwangerschaft in Querlage zur Welt und wog bei der Geburt über neun Pfund. Die Geburt dauerte zwei volle Tage und führte bei der Mutter zu einem Kreislaufversagen. Er lernte zwar früh laufen, begann aber erst mit zwei Jahren die ersten Worte zu sprechen und die ersten Sätze mit vier Jahren, und diese auch meistens falsch. Im zweiten Lebensjahr, unmittelbar nach der Scheidung, konnte ihn die Mutter nicht mehr versorgen, und er war in einem Jahr in drei verschiedenen Pflegestellen, die es offenbar am Nötigsten fehlen ließen. Und sauber bei Nacht war er, wie gesagt, noch nie. Mit dem zweiten Vater versteht er sich zwar gut, bei ihm macht er am wenigsten Schwierigkeiten, aber im Kindergarten sagen die Erzieherinnen, er müsse streng angefaßt werden.

In der Sprechstunde war nicht ganz klar, ob die Mutter Ralf anklagen oder verteidigen wollte, sie wirkte etwas kühl und distanziert, dann wieder überhäufte sie ihn mit Zärtlichkeit. Ralf übrigens, das war rasch zu merken, erreichte bei der Mutter alles, was er wollte, was die Ratlosigkeit der Mutter eher noch verstärkte.

Wer ist nun schuld an den Schwierigkeiten von Ralf und seiner Mutter? Niemand. Die Frage nach der Schuld kann hier nicht interessieren und hilft niemandem weiter, allenfalls dem Betrachter zu seinem selbstgerecht guten Gewissen. Die Mutter hat sich ihren Lebensweg auch anders vorgestellt, und daß sie bei ihrer ersten Heirat nicht auf die Großmutter Ralfs, die es ja immer gesagt hatte, gehört hat, sollte man ihr nicht vorwerfen. Großmütter haben manchmal, aber keineswegs immer recht.

Was aber sind die Ursachen für Ralfs Probleme? Da läßt sich eine ganze Menge finden. Die Beziehung zwischen Ralf und seiner Mutter war gerade in den ersten Lebensjahren gestört, zwiespältig, hin- und hergerissen, ja sie ist es heute noch. Ralf hindert die Mutter daran, ihre erste Ehe einfach zu vergessen, er steht zwischen einem harmonischen Neuanfang in der zweiten Ehe und der negativen Erinnerung an die

15

erste und erregt die Angst, er werde wie der Vater. Die Mutter weiß, daß er dafür nichts kann und daß sie es ihm trotzdem irgendwie übelnimmt, bereitet ihr ein schlechtes Gewissen. Darum kann sie nicht gleichmäßig gut zu ihm sein. Darum wird jede konsequente erzieherische Haltung durch Nachgiebigkeit durchkreuzt. Daß Ralf dann im zweiten Lebensjahr nicht bei seiner Mutter sein konnte, sondern sich immer wechselnde Pflegepersonen um ihn kümmerten, hat die Beziehung zwischen Ralf und seiner Mutter auch nicht gebessert, im Gegenteil. Ralf ist unsicher, welche mütterliche Person denn wirklich zuverlässig für ihn da ist. Er hat immerhin in seinem kurzen Leben schon mindestens viermal erlebt, daß auf solche Beziehungen kein absoluter Verlaß ist. Deswegen möchte er auch noch Kleinkind sein und die Mutter ganz für sich beanspruchen. Wenn sie ihn darum abends und nachts noch ein- oder zweimal weckt, um ihn auf den Topf zu setzen, dann kann ihm das nur recht sein, da sie bei Tage ohnehin wenig Zeit für ihn hat.

Es gibt aber noch andere Ursachen, von denen die Mutter, die Großmutter, der Stiefvater und die Erzieherinnen im Kindergarten nichts wissen. Die verzögerte und gestörte Sprachentwicklung kann auch Folge einer Beeinträchtigung der Gehirnentwicklung durch die komplizierte Schwangerschaft und Geburt sein. Ralf hat, wie man damals sagte, eine leichtgradige frühkindliche Hirnschädigung erlitten oder eine minimale Hirndysfunktion. Es zeigte sich bei der Untersuchung nämlich, daß er zwar im Durchschnitt ganz normal begabt ist, daß er in praktischen Situationen, beim Erkennen von Bildern und dergleichen sogar ganz gut begabt ist, daß er aber noch zeichnet wie ein drei- bis vierjähriges Kind und daß er in allen sprachlichen Funktionen weit zurück ist. Nicht nur, daß er noch undeutlich spricht und nur relativ wenige Wörter kennt, er versteht auch das, was die Erwachsenen zu ihm sagen, nur zum Teil, zumindest weniger, als diese glauben. Kein Wunder, daß die Mutter und die anderen Erwachsenen meinen, er sei eigensinnig, er »gehorche« nicht, wo er nur das Gehörte nicht aufs erste Mal versteht. Kein Wunder, daß Ralf seit sechs Jahren die Erfahrung macht, daß die Erwachsenen für ihn unverständlich reagieren und schimpfen, ohne daß er weiß, warum. Man versteht sich gegenseitig nicht.

Mancher wird einwenden, es sei doch kein Wunder, daß er schlecht und wie ein Kleinkind spreche, wenn im selben Alter, in dem er sprechen lernen sollte, ständig wechselnde Menschen auf ihn eingesprochen haben. Natürlich hat das alles verschlimmert. Aber bei anderen Kindern in solchen Situationen geschieht das Wunder, und sie sprechen trotzdem richtig, vor allem verstehen sie gut. Wir haben Grund anzunehmen, daß Ralf auch in der

Sprache zurück wäre, wenn die Mutter schon in erster Ehe glücklich verheiratet gewesen wäre – vielleicht allerdings nicht so schwer.

Jedenfalls kommt bei Ralf, wie so oft, vieles zusammen, was die Störung entstehen und erklären läßt. So stört Ralf seine Mutter durch Stottern, Bettnässen, nächtliches Schaukeln und Erziehungsschwierigkeiten, weil er selbst gestört ist von der Welt um ihn herum, von seinen eigenen Möglichkeiten her. Er weiß nicht, an wen er sich halten kann, er versteht diejenigen nicht, an die er sich halten möchte, und diese verstehen auch sein Verhalten nicht. Es ist, als ob jemand im fremden Land die Sprache nur wenig kann und die Einwohner dieses Landes auf den Anfänger keine Rücksicht nehmen. Er wird das schon lernen, so auch Ralf, aber verspätet und mit einer Erfahrung, die ihn lehrt, mißtrauisch gegen alle seine Mitmenschen zu sein, auch gegenüber seinen eigenen Fähigkeiten, denn er sieht ja auch, daß im Kindergarten seine Alterskameraden diese Schwierigkeiten nicht haben.

Was kann man tun? Theoretisch eine ganze Menge. Man könnte der Mutter, dem Stiefvater, der Großmutter und Ralf eine familientherapeutische Behandlung anbieten, möglichst zwei- bis dreimal in der Woche, um die Erwachsenen sich und das Kind verstehen zu lehren und Ralf die Möglichkeit zu geben, seine negativen Erfahrungen durch positive zu ersetzen. Aber im Dorf und in der nahen Kleinstadt gibt es keine solche Möglichkeit. Immerhin, die Unterrichtung der Mutter und des Stiefvaters, auch der Erzieherinnen über die besondere Situation von Ralf muß und kann trotzdem erfolgen, einmal, zweimal, wiederholt in der Sprechstunde, und eine begleitende beratende Hilfe kann angeboten und gegeben werden. Und das ist schon eine ganze Menge. Außerdem kann Ralf, der sich trotz durchschnittlicher Begabung mit seinen sprachlichen Problemen in der Normalschule schwertäte, eine Sprachheilschule besuchen, wobei ihn jeden Tag ein Omnibus daheim abholt und wieder zurückbringt. So wird Ralf sprachlich bald aufholen, er wird auch das Bettnässen und das völlig harmlose Kopfschaukeln bei Nacht mit der Zeit verlieren. Ob er seine Erfahrungen von der Umwelt, die ihn mißversteht, so ganz überwinden wird, weiß man nicht. Vielleicht, wenn er das Glück hat, noch viele gute Erfahrungen dagegensetzen zu können.

Störende Kinder sind oft gestörte Kinder. Es ist nicht wichtig zu wissen, wer schuld hat an der Störung, aber es ist wichtig zu wissen, daß auch wir Erwachsenen untereinander gestört sind und daß dies die Kinder stört.

Kinder, die nicht hören können

Die Kinder, so hört man sagen, können heute nicht mehr so hören, so zuhören wie die Kinder früherer Generationen. Ich weiß nicht, ob das stimmt. Ich kenne keine Untersuchung, die das festgestellt hätte, ich wüßte auch nicht, wie.

Aber gehen wir einmal davon aus, daß dieser allgemeine Eindruck richtig sei. Es ist kein Zweifel, das Sehen spielt heute eine immer größere Rolle. Das Fernsehen vermittelt visuell, das heißt über das Sehen, und was dabei gesprochen wird, ist nur Erläuterung für das gleichzeitig angebotene Bild. In der Schule ist der »anschauliche« Unterricht der gute Unterricht, also der, der etwas zum Anschauen anbietet, und die schulischen Hilfsmittel werden zunehmend audiovisuell, d. h. zum gesprochenen Wort tritt regelmäßig das Bild. Auch auf der Straße draußen gibt es ständig mehr, was man sehen muß: Verkehrszeichen, Wegweiser, Ampeln, Reklame. Akustische Signale gingen ja auch zweifellos im Verkehrslärm unter oder würden ihn nur vermehren. Und die ›Bild‹-Zeitung verkauft sich mit diesem Titel besser, auch wenn sie gar keine Bilder enthielte.

Was man sieht, prägt sich stärker ein, schon deswegen, weil der Eindruck nicht so flüchtig ist wie der des Tons, des gesprochenen Wortes. Man nimmt als Kind und als Erwachsener besser auf, was man sieht, als was man nur hört. Aber man kann sich dem Bild auch nicht mehr so gut entziehen wie dem gesprochenen Wort. Wenn die Großmutter dem Kind *Rotkäppchen und der Wolf* erzählte, dann konnte das Kind sich ausmalen, wie der Wolf das Mädchen auffraß und wie der Förster ihm den Bauch aufschnitt, ganz so wie es das Kind verstand und soweit seine Phantasie und Vorstellungskraft reichte. Das war ein guter Schutz gegen die Grausamkeiten in den Märchen. Das Kind bestimmte durch seine eigene Vorstellungsfähigkeit selbst die Grenze, wieweit es Gehörtes in bildliche Vorstellung übertragen konnte. Wenn aber das Märchen im Fernsehen gezeigt wird, dann kann sich das Kind diesem Bild nicht mehr entziehen und eigene Vorstellungen dagegensetzen – was zur Folge hat, daß Rotkäppchen und der Wolf für Millionen Kinder völlig gleich aussehen –, das Fernsehen nimmt auch keine Rücksicht auf die seelische Fassungskraft des einzelnen Kindes.

Über das Bild kann man sich besser verständigen, auch über Sprachschranken hinweg. Es gibt weniger Mißverständnisse. So wurde aus den bildlichen Hinweistafeln zu den einzelnen Sportarten bei der Olympiade 1972 in München inzwischen eine sich immer mehr ausdehnende internationale Zeichensprache, so wie an den Toiletten schon lange nicht mehr »Männer« und »Frauen« steht, sondern ein Strichmännchen und eine Strichfrau gemalt sind.

Unsere Welt ist immer mehr eine Bildwelt geworden als eine Sprachwelt oder Wortwelt. Die Erfindung des Fernsehens bedeutet einen größeren kulturellen Einschnitt als die Erfindung der Buchdruckerkunst – und bringt auch wegen der Möglichkeit stärkerer Beeinflussung und Prägung des Menschen größere Gefahren mit sich.

So wird auch heute bei den Kindern von klein auf das Sehen mehr geübt als das Hören. Wir haben mehr Bilderbücher für die Kinder und Fernsehen und Illustrierte für die Größeren, und die Eltern haben weniger Zeit zum Vorlesen und Erzählen als früher.

Natürlich gibt es auch Kinder, die von Natur, Anlage oder aus anderen Gründen besser durch Hören aufnehmen als durch Sehen und umgekehrt, manche Kinder, geschätzt etwa 20%, haben sogenannte Teilleistungsschwächen mit auf die Welt gebracht oder früh erworben, das heißt, sie haben es schwerer, das, was sie sehen, aufzunehmen, zu behalten und wieder zu verwenden. Andere haben Mühe, das flüchtig Gehörte auf das erste Mal zu behalten, zu erkennen, zu verstehen und wiederzugeben, ohne daß sie schwerhörig wären oder unterbegabt. Die »Hörschwachen«

haben es zunächst besser, weil bis zur Schule das Sehen viel wichtiger und für das Lernen, Aufnehmen und Begreifen viel bedeutsamer ist als das Hören. Nach und außerhalb der Schule ist es wiederum so. Nur gerade während der Schulzeit und in der Schule spielt plötzlich die Sprache, das Wort und das Hören, eine große Rolle, auch das Lesen, das aber mit dem Hören mehr gemein hat als alles andere Sehen. Das Hören haben unsere Kinder heute viel weniger geübt als wir Erwachsenen seinerzeit und auch als unsere Eltern und Großeltern. Sehen und Hören, auch Fühlen und Tasten muß man üben, um es richtig zu können.

Vielleicht kommt es daher, daß heute so viele Kinder in der Schule mit Lesen und Schreiben so viel mehr Schwierigkeiten haben, als wir das aus unserer Schulzeit kennen und in Erinnerung haben. Sicher gehört zur echten Legasthenie, der Rechtschreib-Lese-Schwäche, noch einiges mehr als nur die fehlende Übung. Aber es ist sicher, daß mancher sogenannte Legastheniker keiner wäre, hätte er mehr das Gehör und die Sprache geübt, bis er zur Schule kommt, und nicht nur Bilder angeschaut, Fernsehen oder Comics.

So können tatsächlich manche Kinder nicht hören, und manche wollen nicht hören, weil sie es nicht so gut können.

Was tun? Wir können für uns und unsere Kinder

keine Sprach- und Wortwelt wiederherstellen. Aber wir können uns ein wenig um einen Ausgleich bemühen. Vielleicht findet sich doch Zeit, hin und wieder seinen Kindern etwas vorzulesen, zu erzählen und sie aufzufordern, selber zu erzählen. Wenn man sie dabei auch in ihrer Berührungsfähigkeit übt und fordert, sie auf den Schoß nimmt, sie ab und zu streichelt, wird die Erzählung der Mutter oder des Vaters die Konkurrenz mit dem Fernsehen gut aushalten können, schon deswegen, weil Vater und Mutter auch zum Anfassen dabei sind und damit das Erzählen und das Erlebnis des Hörens um eine weitere Dimension, die des Fühlens, erweitert wird. Das kann das Fernsehen noch nicht.

Man kann die Kinder auch zum Hören erziehen, sehen können sie heutzutage von allein lernen. Hörbücher und -kassetten sind für das Hörenlernen sicher förderlich. Aber es ist ein Unterschied, ob das Gehörte von einer unbekannten Stimme kommt, die man jederzeit auch wieder abschalten kann, oder ob ein lebendiger Mensch spricht, den man auch etwas fragen kann.

Der störende Wunsch des Kindes

Die beiden Eltern, die mir in der Sprechstunde ge-
genübersitzen, machen keinen glücklichen Eindruck,
und die Stimmung im Raum ist alles andere als ent-
spannt. Der Ehemann blickt finster und beleidigt zu
Boden und bringt damit zum Ausdruck, daß man
ihm offenbar unrecht tut, und seine Frau wirkt ver-
legen, unsicher und hilflos. Ich hatte ihnen gesagt,
was sie wohl irgendwo wußten, aber nicht glauben
wollten, weil sie es nicht verstehen konnten, nämlich daß ihre zehnjährige Tochter mir vorher gesagt
hatte, daß sie eigentlich gerne ihre leibliche Mutter
immer wieder besuchen würde, dabei aber große
Angst habe, ihre Eltern – vor allem ihr Vater – könnten ihr das übelnehmen. Dabei hatte sie versichert,
sie wolle um alles in der Welt nicht vom Vater, ihrer
zweiten Mutter und dem Stiefbrüderchen weggehen.
Nur: die Mutter habe sie eben auch lieb, und der
Vater sei so leicht verletzt.

Es hatte einige Zeit gebraucht, bis das Kind mir
das alles sagen konnte. Zunächst hatte es mit etwas
schnippischer Miene, die mein dummes Gefrage mit
Verachtung abtun wollte, behauptet, es sei alles in

Ordnung, und sie wolle gar keinen Besuch machen, die Mami-Elke, wie sie ihre erste Mutter nannte, solle sie – sie sagte »uns« – doch in Ruhe lassen. Da dies alles so obenhin gesagt und mit altklugen Redewendungen durchsetzt war, hatte ich meine Zweifel, und nach einiger Zeit brach die Wahrheit unter Tränen wie ein Sturzbach durch den Damm der mühsam aufrechterhaltenen Familienordnung.

Der Vater wollte es nicht glauben, weil er selbst gar kein Verlangen hatte, seine erste Frau, die ihn – wie er meinte – so hintergangen hatte, jemals wiederzusehen, ja er hatte wohl geradezu Angst vor solchen Kontakten. Zum einen hatte er das nicht unbegründete Gefühl, daß sie ihm eigentlich immer ein wenig überlegen war, was er einfach nicht ertragen konnte, und zweitens hatte er bei dieser Vorstellung immer ein unerklärliches schlechtes Gewissen seiner zweiten Frau gegenüber. Er wollte einfach von dieser früheren Zeit mit ihren Problemen, ihren Enttäuschungen und ihrer schmerzlichen Peinlichkeit nichts mehr wissen, und auch Inge, seine Tochter, sollte diese Zeit vergessen und nicht mehr in sein endlich friedliches Haus zurückholen. Ausgerechnet Inge, die er so liebte, die doch *seine* Tochter war und die – was er nicht sehen konnte – ihrer leiblichen Mutter ganz aus dem Gesicht geschnitten war.

War dieses Haus tatsächlich so friedlich? Die neue Mutter – die Heidi-Mutter – war wohl auch außerhalb der für sie offensichtlich peinlichen Sprechstundensituation oft so still und unsicher. Sie hätte so gerne alles recht gemacht, wußte aber nicht wie. Vor allem jetzt, wo das alles durch das Ansinnen dieser Frau, von der sie von ihrem Mann nur weniges, eigentlich nur Negatives gehört hatte, wieder aufgerührt wurde. Der Friede war durch sie gestört. Sie hatte sie nur einmal mit ihrem Mann zufällig in der Stadt getroffen, wo es dann zu einem peinlichen Auftritt gekommen war, als diese Frau – ihr neuer Mann war auch dabei – den Vater wegen Inge ansprach. Sie hatte eine unerklärliche Angst vor dieser Frau, die sie und ihre Familie offensichtlich nicht in Frieden lassen wollte. Das alles war wie eine nicht recht zu fassende Bedrohung. Daheim konnte man gar nicht darüber reden, weil ihr Mann dann gleich ungeduldig und gereizt wurde, ihr das Wort mit der Bemerkung abschnitt, das sei allein seine Sache und ein Kontakt komme überhaupt nicht in Frage. Jetzt, in der Sprechstunde, kam sie sich so fehl am Platz vor, so als ob sie Dinge hören müßte, die sie eigentlich gar nicht wissen sollte. Es gab da offenbar ein ernstes Problem in ihrer eigenen Familie, an dem sie gar nicht beteiligt sein sollte. Dabei hätten doch alle so glücklich sein können. Sie hatte ein eigenes vergnügtes kleines Kind, einen Sohn, und auch mit Inge kam sie im allgemeinen gut aus, obwohl sie doch so Angst gehabt hatte, ob sie alles recht machen würde mit dem damals schon großen, siebenjährigen Kind, wo sie doch keinerlei erzieherische Erfahrung hatte. Nur immer dann, wenn Inge von den Besuchen bei ihrer »eigentlichen« Mutter kam, war sie öfters so patzig, und sie selbst kam sich plötzlich wie eine richtige Stiefmutter vor. Deshalb hatte der Vater ja auch die Besuche eine Zeitlang unterbunden. Sie wußte auch nicht, sollte sie bei solcher Gelegenheit Inge fragen, wie es bei Mami-Elke gewesen sei, aber das hätte ja so aussehen können, als ob sie Inge aushorchen wollte. Dabei hatte sie immer das Gefühl gehabt, als ob das Kind eigentlich voll von Erlebnissen war und erzählen wollte, sich aber nicht getraute. Auch war sie unsicher, wie ihr Mann auf solche Gespräche reagieren würde, und ohne ihn wollte sie mit Inge nicht darüber reden, weil es sie ja vielleicht doch nichts anging. Auch mit ihm konnte sie nicht frei darüber sprechen. Er war jedesmal so abweisend und empfindlich, wenn sie davon anfing. Er schimpfte dann furchtbar über seine frühere Frau, so daß man sich gar nicht vorstellen konnte, daß er sie ja offenbar früher einmal geliebt hatte. So versuchte sie es gar nicht mehr, und das Thema war damit tabu. Ach, es war alles so kompliziert und verworren. Wenn es doch diese schreckliche Frau gar nicht gäbe.

So ähnlich dachte wohl auch der Vater, der in einer Mischung von gekränktem Stolz und ärgerlicher Abwehr vor mir saß. Hatte diese entsetzliche Frau nicht nur seine erste Ehe, auf die er so stolz war, zerstört? Wollte sie ihm seine zweite auch noch verderben, wo doch alles so harmonisch sein konnte? Inge gehörte ihm und sollte keinen Kontakt mit dieser früheren Zeit haben. Außerdem fürchtete er ein wenig, Heidi, seine jetzige Frau, könnte denken, er hänge immer noch an Elke, was ja bestimmt nicht der Fall war; aber denken konnte sie es vielleicht doch, und so mochte er gar nicht erst den Gedanken aufkommen lassen, daß Elke jemand wäre, mit dem man sprechen konnte. Wenn Elke doch da wäre, wo der Pfeffer wächst. Jetzt wollte ausgerechnet Inge sie besuchen, obwohl sie nie ein Wort gesagt hatte, selbst als er sie neulich fragte. Zugegeben, er hatte ein wenig suggestiv gefragt und wäre sehr erstaunt gewesen, wenn sie gesagt hätte, daß sie ihre Mami-Elke gern hätte, obwohl er es sich ehrlicherweise eigentlich hätte denken können. Wie einfach wäre es doch, wenn Inge ihre Mutter einfach so wie er ablehnen und gar nicht mehr sehen wollte.

Ja, wie einfach wäre dies, wenn Inge nicht den Wunsch hätte, ihre Mutter, bei der sie sieben Jahre aufgewachsen war, immer wieder einmal zu sehen. Das ist ihr gutes menschliches Recht, das ihr niemand streitig machen sollte, ganz abgesehen davon, daß es auch Mami-Elkes Recht ist, ihre Tochter immer wieder zu sehen, nach § 1634 BGB. Aber davon wollen wir gar nicht reden.

Dieser Wunsch Inges bringt tatsächlich ihre Eltern in ziemliche Verlegenheit, weil er ein Problem aufdeckt, das bislang in der Familie unter den Teppich gekehrt worden ist.

So verständlich es ist, daß der Vater seine neue Ehe unbeschwert von der mißglückten Vergangenheit anfangen will und Mutter-Heidi Störungen im Umgang mit Inge hat und darum auch die erste Frau weit weg wünscht, obwohl diese ihr noch nie etwas zuleide getan hat, so ist der Wunsch Inges ein Faktum, an dem niemand vorbeigehen kann, um so weniger, als das Problem doch nicht auf die Dauer unter dem Teppich geblieben wäre. Man hatte dem Kind allein die Lösung aufgebürdet, die Erwachsenen hatten sich darum gedrückt.

Wie kann man ihnen helfen? Was kann man ihnen raten? Die Last der Vergangenheit läßt sich nicht einfach wegreden, wohl aber kann ein Gespräch manche unnötigen Ängste nehmen, z. B. die, daß der Vater meint, seine zweite Frau sei eifersüchtig auf die erste. Vielleicht könnten sich die beiden Frauen sogar einmal treffen, mit seinem Wissen selbstverständlich. Da der Wunsch nach Scheidung der Ehe von der ersten Frau ausging, braucht zwischen den beiden keine Rivalität zu bestehen, und die Mami-Elke könnte der Mutter-Heidi zeigen, daß sie ihr Inge nicht wegnehmen will und umgekehrt. Denn die Mutter-Heidi muß auch anerkennen, daß die Beziehung zwischen Mami-Elke und Inge einmal wichtig war und auch ist, etwas, das man nicht einfach negieren kann. Wenn die Mami-Elke bemerkt, daß die zweite Mutter Inge nicht allein für sich in Anspruch nehmen will, dann kann sie manche Schroffheit im Kontakt mit den Eltern und manche Sturheit in der Verabredung der Besuche, die der Familie so lästig sind, vermeiden. Für Inge wäre dann alles viel freier, sie könnte mit Mutter-Heidi über ein für sie wichtiges Problem sprechen und sagen, was sie denkt.

Und der Vater? Auch er würde sich auf die Dauer leichter tun, wenn er gegenüber seiner zweiten Frau und seinem Kind nicht meinte, etwas verschweigen und ungeschehen machen zu müssen. Eine Ehe, aus der Kinder hervorgegangen sind, ist nicht mehr zu verleugnen. Wenn sie für den einen oder anderen eine peinliche Erinnerung ist, so verschwindet diese Peinlichkeit schneller, wenn man taktvoll darüber spricht, als wenn man sie verschweigt.

Und das Kind kann mit seiner neuen Mutter viel leichter in ein gutes Verhältnis kommen, je offener es über seine erste Mutter sprechen kann und dabei merkt, daß es damit niemanden verletzt oder unangenehm berührt und nicht so tun muß, als ob es die erste Mutter auch nicht leiden könnte oder gar vergessen hätte.

Das geht allerdings nur dann, wenn nicht noch der blanke Haß zwischen den geschiedenen Ehepartnern steht, denn dieser bindet die beiden oft stärker, als die Liebe es je getan hat. Eigentlich sind sie in dem Fall noch gar nicht richtig geschieden. Dann ist aber auch kein neuer Anfang in einer zweiten Ehe möglich, und das Kind wird es allein ausbaden müssen, im Moment und unter Umständen sein ganzes Leben lang.

Abschied von den Kindern

Es gibt Eltern, denen ihre Kinder nicht schnell genug erwachsen sein können; sie sind ungeduldig, bis ihre Kinder laufen und sprechen können, und sie schicken sie zum frühestmöglichen Termin in die Schule. Und es gibt andere Eltern, die möchten zwar gern Babys, aber keine Kinder haben. Wenn das Kind selbst zu gehen anfängt, empfinden sie das als einen Verlust, wenn es in die Schule kommt, haben sie das Gefühl, man beraube sie ihres Kindes, und wenn die Kinder erwachsen sind, versammeln sie sie ständig um sich.

Beide Einstellungen zu den Kindern sind verständlich, menschlich, bis zu einem gewissen Grade auch natürlich, deshalb aber nicht weniger unrecht. Natürlich darf man als Eltern stolz sein, wenn das Kind in seiner Entwicklung einen Schritt vorwärts getan hat, und sicherlich tut es den Eltern wohl, wenn die Kinder an ihnen hängen. Aber Kinder gehören nicht den Eltern, nicht als Objekt des Elternstolzes, in dem sie die Tüchtigkeit der Eltern dadurch unter Beweis stellen, daß sie früher sauber sind und die besseren Noten nach Hause bringen; Kinder sind auch nicht Eigentum der Eltern, nach denen sie ihr eigenes Leben immer ausrichten müssen. Kinder sind vielmehr eigenständige Menschen und selbständige Persönlichkeiten, die auch ein Recht auf diese Selbständigkeit haben, und zwar vom ersten Lebenstage an.

Wenn ein Kind ein wenig einen Dickkopf hat und etwas so und nicht anders haben will, dann ist das noch lange kein Grund, ihm seinen Wunsch zu verwehren, nur weil es doch noch so klein ist und der Vater und die Mutter meinen, daß es darum nicht seinen Willen haben dürfte. Und wenn die Mutter ihrem kleinen Sohn jedes Spielzeug wegnehmen will, mit dem er sich verletzen könnte, dann wird er nie lernen, damit umzugehen. Da ist es dann schon vernünftiger, man traut seinem kleinen Sohn auch ein gewisses Risiko zu und zeigt ihm vielleicht, wie man damit umgeht.

Was mir als Elternteil aber nicht gehört, das darf ich auch nicht festhalten und für mich behalten wollen. Das gilt nicht nur für den Eintritt in die Schule, der zweifellos einen Einschnitt in der Entwicklung des Kindes bedeutet. Hier tritt es, mehr noch als beim Kindergarten, aus dem unmittelbaren Einflußbereich des Elternhauses hinaus, wird fremden Einflüssen ausgesetzt, hat Freunde, die die Eltern für es nicht aussuchen können, und bekommt Lehrer, die einem vielleicht nicht sympathisch sind.

Auch wenn die Angst der Eltern vor diesem Einschnitt begreiflich – und bei einer leistungsverzerrten Ausleseschule, wie wir sie heute allenthalben haben, auch nicht unberechtigt – ist, so ist es oft viel weniger die Sorge der Eltern, ihr Kind könnte überfordert werden, als vielmehr die Vorstellung, das Kind werde ihnen weggenommen und andere dürften an etwas teilhaben, was den Eltern vorher ganz allein gehört hat. Natürlich mischen sich auch andere Sorgen in diese Vorstellungen: Ist das Kind fähig, sich unter anderen Kindern zu behaupten? Erliegt das Kind jetzt fremden Einflüssen, die man bisher sorgsam von ihm ferngehalten hat? Wird sich das Kind so weiterentwickeln, wie man es sich bisher vorgestellt hat? Die Eltern übersehen dabei, daß das Kind ein Recht darauf hat, seinen eigenen Weg zu gehen und sich so zu entwickeln, wie es seiner eigenen Persönlichkeit entspricht. Die Eltern übersehen aber auch, daß sie zur Zeit der Einschulung sechs Jahre lang Zeit gehabt haben, das Kind zu prägen, und daß alle Erfahrungen der ersten sechs Jahre entscheidend dafür sind, wie das Kind in dieser neuen Welt der Schule mit all den fremden Kindern bestehen wird. Viele Eltern trauen offenbar ihrer eigenen Erziehung sehr wenig zu. Dies ist das eine. Das andere aber ist, daß sie ihr Kind nicht hergeben wollen, andere nicht an ihrem Kind und ihr Kind nicht an den anderen teilhaben lassen möchten.

Auch die Schule ist so etwas wie ein Spielzeug,

an dem man sich vielleicht verletzen könnte. Dieses Spielzeug dürfen wir dem Kind aber nicht wegnehmen, und deswegen müssen wir Eltern die kleine Angst hinunterschlucken, daß unserem Kinde dort in dieser fremden Schulwelt vielleicht etwas Böses widerfahren könnte. Wir sollten ihm auch hier lieber den Umgang mit der Schule und den fremden Kindern dadurch erleichtern, daß wir ihm selber Mut machen und ihm unsere eigene Angst nicht zeigen.

Manche Schulangst des Schulanfängers kommt daher, daß das Kind spürt, welche Angst die Mutter vor diesem neuen Lebensabschnitt hat, und daß es diese Angst aus seinem engen Zusammenleben mit der Mutter heraus übernimmt und auf die Schule, auf die Lehrer und Mitschüler überträgt. An den Schulängsten ist nie allein die Schule schuld, sondern stets auch die Angst der Eltern, die ihr Kind nicht hergeben wollen.

Wenn der kleine Schulanfänger heulend nach Hause kommt und berichtet, daß ein anderes Kind ihn gestoßen oder ihm den schönen Bleistift weggenommen habe, dann hat er zwar zweifellos ein Anrecht auf ein Mitgefühl und auch auf eine gewisse Unterstützung durch Vater oder Mutter. Diese helfen ihm aber nicht, wenn sie ihn dann jeden Tag schützend zur Schule begleiten und ihn dort wieder abholen und ihm so den Schritt in die Selbständigkeit erschweren. Und mit ihrer kleinen Angst und Sorge muß die daheim gebliebene Mutter schon allein fertig werden.

Noch deutlicher wird dies, wenn die Kinder aus ihrer Reifezeit herauswachsen und ganz natürlicherweise ihre eigenen Wege gehen möchten, ja nicht nur möchten, sondern müssen.

Viele Eltern sind nicht deswegen streng mit der Frist, bis zu welcher der Sohn oder die Tochter abends zu Hause zu sein hat, weil sie um das Wohlergehen der Kinder besorgt sind, sondern weil sie sich selbst das bißchen Angst nicht zumuten, das Kind könnte, wenn es später nach Hause kommt, unkontrollierbare Dinge tun, oder es könnte ihm etwas zugestoßen sein. Die strenge und scheinbar konsequente Haltung der Eltern ist oft nichts anderes als die eigene Bequemlichkeit. Die Eltern, die den Sohn nicht auf die Wochenendfahrt, die Tochter abends nicht zur Party gehen lassen wollen, möchten nicht mit der Sorge zu Hause bleiben, das Kind könnte den Gefahren ausgesetzt sein, die nun einmal das Leben mit sich bringt, auch das Leben mit 14 oder 15 Jahren. Und die Sorge und Angst, den Kindern könnte etwas passiert sein, sie könnten etwas angestellt haben, rührt ihrerseits wieder daher, daß die Eltern meinen, sie könnten ihrem Kind sein eigenes, persönliches Schicksal vorenthalten, und nur sie, die Eltern, wüßten, wie man sich zu verhalten und nicht zu verhalten habe. Wiederum ein Mißtrauen gegen die eigene Erziehungsfähigkeit und dem eigenen Vorbild gegenüber, das man seinen Kindern 14 oder 15 Jahre lang gegeben hat. Vielleicht ist dieses Mißtrauen nicht ohne Grund, nur macht dann die Angst nichts wieder gut, sondern nur noch schlechter.

Diese Zeit liegt für die Eltern, die ihr Kind gerade eben mit Sorgen und Ängsten in die Schule haben gehen lassen, noch in weiter Zukunft. Aber es ist vielleicht ganz gut, wenn man schon beizeiten sieht, daß die Aufgabe, sein Kind für den nächsten Entwicklungsschritt herzugeben, immer wieder auf einen zukommt und daß man sein Kind noch des öfteren wird hergeben müssen. Wie gesagt, auch wenn es bis zur Reifezeit noch einige Jahre dauern wird: Wenn wir unsere Kinder schon nicht ohne Bauchschmerzen zur Schule gehen lassen wollen, wird es uns noch viel schwerer fallen, sie später einmal wirklich freizugeben.

Als die Volljährigkeitsgrenze vor einigen Jahren von 21 auf 18 herabgesetzt wurde, gab es wiederum Eltern, die darüber erleichtert waren, weil sie sich von der Verantwortung für ihre über 18jährigen Kinder befreit fühlten. Diesen waren offenbar ihre Kinder vorher eine Last gewesen. Andere Eltern aber waren entrüstet, weil jetzt gewissermaßen der Gesetzgeber ihnen ihre Kinder weggenommen habe, die doch noch keineswegs ohne sie, die Eltern, lebens- und existenzfähig sein könnten. Tatsächlich ist es heute für viele Kinder mit 15 oder 16 Jahren, und auch noch mit 18 Jahren, schwerer als vielleicht vor 100 Jahren, selbständig zu sein, nicht weil die Kinder weniger selbständig wären, sondern weil unser ganzes Bildungssystem systematisch eine solche Selbständigkeit verhindert. Waren es zur Zeit unserer Großväter vielleicht 5% der Kinder, die nach dem 15. Lebensjahr noch zu Hause blieben und weiter Schule und Universität besuchten, sind es heute (2006) über 50%, und die übrigen gehen auch nicht mehr in diesem Alter außer Haus, indem sie wie früher in die fremde Familie des Meisters zogen und mit 17 Jahren als Gesellen auf die Wanderschaft. Unser sich immer mehr ausdehnendes Ausbildungswesen zwingt die Kinder, auch nach der Reifezeit noch zu Hause zu bleiben, und enthält ihnen die Möglichkeit früher Selbständigkeit vor, überfordert aber auch die Familien, die ihre Struktur mit den bestimmenden Eltern und den sich ihnen anpassenden und abhängigen Kindern weiter aufrechterhalten müssen. Sie überfordert aber die Familien auch, weil es für Vater und Mutter oft schwierig ist einzusehen, daß die größer werdenden Kinder sich nicht immer nur an die Eltern anpassen können und weiterhin abhängig bleiben möchten, bis diese Kinder 20 oder 25 oder noch älter sind. Vielen Eltern kommt diese Entwicklung sehr entgegen, eben weil sie ihre Kinder nicht hergeben wollen und den Zustand als etwas ganz Natürliches empfinden, daß auch die 18- oder 20jährigen zu Hause noch die Rolle der Kinder übernehmen. Dabei übersehen diese Eltern und auch diejenigen, die für die Entwicklung des Bildungssystems verantwortlich sind, daß die Verhinderung der Selbständigkeit ihrer Kinder ein Schaden ist, den wir den Kindern zufügen. Auch die Forderung, daß die Kinder niemandes Eigentum sind, auch nicht das ihrer Eltern, stützt sich nicht auf eine irgendwie geartete Familienvorstellung, auf ein ideologisch begründetes Ideal, sondern auf die Erfahrung, daß Kinder, die von ihren Eltern nicht hergegeben werden, die abhängig bleiben und abhängig gemacht werden, später in ihrer Persönlichkeitsstruktur leiden können, krank, neurotisch werden können.

Natürlich hat es diese Probleme auch früher gegeben, und der Konflikt zwischen dem heranwachsenden Jungbauern und dem Alten, der nicht Platz machen will, ist so alt wie die Menschheitsgeschichte. Aber dabei ging es um die Auseinandersetzung zwischen dem aufstrebenden Jungen, der den Alten vom Platz verdrängen wollte. Darum geht es heute nie. Auch ohne daß die Eltern von ihren Kindern in ihrer Berufstätigkeit, in ihrer Potenz und Wertigkeit beeinträchtigt würden, halten diese an ihren Kindern fest und geben sie nicht frei, vielleicht aus Bequemlichkeit und weil man es nicht anders kennt, vielleicht aber auch, weil die Eltern ihre Rolle als diejenigen, die es zu sagen haben und die ihren Bereich nicht verändern wollen, nicht aufgeben möchten.

Dabei ist es ja nicht so, daß die Kinder, wenn man sie frei ließe, nichts mehr an die Eltern binden würde. Es liegen ja 15 lange und gemeinsame Jahre zurück, die durchaus eine Bindung darstellen, aber wenn die Kinder als Kinder festgehalten werden, dann müssen sie sich abstoßen, um selbständig zu werden, um zu sich selbst zu finden, und dieses Abstoßen geht nicht ohne Bruch und ohne Auseinandersetzung. Zu den Eltern, die ihre Kinder beizeiten loslassen können, werden die Kinder viel eher zurückfinden, nicht mehr als Kinder, aber als vertraute Mitmenschen und selbständige Persönlichkeiten.

Eine ältere Dame, eine erfahrene Mutter, sagte mir vor einiger Zeit: Wenn die Kinder sich nach einem Besuch bei den Eltern für den Aufenthalt bedanken, dann sind sie selbständig und erwachsen geworden.

Die Ängste unserer Kinder

Das Thema hat zunächst keineswegs etwas Bedrohliches oder Besorgniserregendes an sich. Es erscheint uns recht selbstverständlich, es paßt ins Bild, wenn man vom Kind und seiner Angst hört, vom Kind, dem in seiner Angst der Erwachsene Trost spendet und zu ihm sagt: »Du brauchst keine Angst zu haben«, und das sich dann in dessen Schutz beruhigt, seine Angst verliert und damit den Erwachsenen in seiner Rolle als der Überlegene, Sicherheit und Schutz Bietende bestätigt. So braucht man sie offenbar auch nicht allzu ernst zu nehmen, die Ängste unserer Kinder. So wie die Kinder noch klein sind, so sind ja wohl auch ihre Ängste noch kleine Ängste, und aus der Sicht der Erwachsenen eigentlich unnötige Ängste. Wenn die Kinder erst einmal zu Verstand gekommen sein werden, dann werden sie erfahren, daß ihre Ängste töricht, unnötig, daß sie eben kindische Ängste waren. Kind und Angst gehören irgendwie zusammen, darüber bräuchte man keine Worte zu verlieren.

Tatsächlich ist die Angst aus dem Kindesalter ebensowenig zu verbannen wie aus dem Leben überhaupt. Eine angstfreie Kindheit ist ebenso eine Utopie wie ein angstfreies Leben, ja Angstfreiheit ist nicht nur eine Utopie, sie wäre ein widernatürlicher Zustand, der unserem Dasein eine entscheidende emotionale Dimension nehmen würde, die, so wäre zu vermuten, uns auch den Spannungsbogen zwischen Angst und Bedrohtsein auf der einen Seite und Sicherheit und Geborgenheit auf der anderen Seite nehmen und damit unser Leben um einen entscheidenden dynamischen Faktor ärmer machen würde.

Die Angst ist ein elementarer vitaler Instinkt, den wir als Menschen mit den Lebewesen des höheren Tierreiches durchaus teilen. Die Angst ist das lebenserhaltende Warnsignal, das die Tiere vor bedrohlicher Gefahr flüchten heißt oder sie zu vermeiden in die Lage versetzt. Wo die Angst fehlt, besteht Lebensgefahr.

Die besondere Situation jedoch, in die der Mensch im Vergleich zum Tier gekommen ist, liegt darin, daß der Mensch wohl als einziges Lebewesen in der Lage ist, aufgrund seiner Erfahrung zukünftige Ereignisse vorwegzunehmen, gewissermaßen weiter in die Zukunft zu schauen und aufgrund seiner Phantasie sich Gefahren vorzustellen, lange bevor sie bedrohliche Realität werden. Gerade diese Fähigkeit aber ist dem kleinen Kind nur in sehr beschränktem Maße zu eigen, wenngleich gerade das Kind in den Jahren bis zum Schulalter schneller diese Phantasiefähigkeit zur Vorstellung kommender Gefahren erwirbt als die hilfreiche Fähigkeit, zwischen eigener Einbildung, Phantasie und konkreten Gefahren zu unterscheiden.

So sind auch die Kinder natürlicherweise und unvermeidlicherweise Ängsten ausgesetzt, vor denen sie keine noch so sorgende Mutter, keine noch so abschirmende Betreuung bewahren kann und darf, und ihre ersten Lebensjahre sind regelmäßig mit der stufenweise fortschreitenden Entwicklung mit ebenfalls stufenweise zunehmenden ängstigenden Situationen konfrontiert:

Ob das Kind im Augenblick der Geburt Angst verspürt? Wir wissen es nicht. Wir können es nur vermuten, daß die naturgegebene enge und beengende Passage durch den Geburtskanal mit Sauerstoffmangel und Druck unangenehme, beengende und möglicherweise auch angstähnliche Erlebnisse bewirkt. Angst und Enge sind sprachlich verwandt. Endgültiges werden wir wohl darüber nie erfahren können. Und Theorien gibt es darüber viele.

Die erste regelhaft auftretende Angst, die wir beim Säugling erleben, die sogenannte Achtmonatsangst, erwächst nicht aus einer Änderung der objektiven Situation, sondern aus einer zunehmend differenzierenden Fähigkeit des Kindes, der Fähigkeit, die zunächst verwirrenden und regellosen optischen Eindrücke, die das Kind aufnimmt, nach den Kriterien

»bekannt« und »unbekannt« zu unterscheiden. Dabei wird die unbekannte Situation, das unbekannte Gesicht, das in den Kinderwagen schaut, als bedrohlich und ängstigend empfunden, im Gegensatz zum bekannten Gesicht der Mutter oder, wie man heute wissenschaftlich sagt, der primären Bezugsperson. Wir sehen hier sogleich, daß diese Unterscheidungsfähigkeit zwischen »bekannt« und »unbekannt« dem Schutz des Kindes als Voraussetzung dazu dient, Schutz und Sicherheit nur in der vertrauten Umgebung zu finden, die unbekannte zu meiden. Kurz danach, sobald das Kind sich frei bewegen kann, wird es allerdings auch lernen, die Angst zu überwinden und sich schrittweise in den Bereich des Unbekannten und Unvertrauten vorzuwagen, besonders dann, wenn es durch sichernde Rückblicke sich vergewissern kann, daß der Rückweg ins Vertraute stets offenbleibt.

Im zweiten und dritten Lebensjahr beobachten wir häufig wiederum ein auffallendes ängstliches Verhalten bei den Kindern. Schläft das Kind im eigenen Schlafzimmer, im eigenen Bett, nicht in unmittelbarer Nähe des mutterlichen Bettes, dann kommt es vor, daß die Kinder in diesem Alter nachts aufwachen und weinen und sich nicht eher beruhigen, bis sie sich vergewissert haben, daß die vertrauten Personen, die Mutter oder der Vater, noch da sind, oder bis es gar von den Eltern ins Bett genommen wird und dort beruhigt weiterschläft. Was ist geschehen? In der langsam fortschreitenden und sich differenzierenden Trennung der kindlichen Welt von seiner Umwelt kommt der Zeitpunkt, in dem das Kind beim nächtlichen Erwachen sich seines Alleinseins bewußt wird, sich aber die Gegenwart der vertrauten Personen, der Mutter oder des Vaters, noch nicht so lebhaft vorstellen kann, daß es sich mit dieser Gewißheit verschaffenden Vorstellung und Phantasie über die Einsamkeit hinweghelfen kann. Das Kind muß sofort feststellen, ob es Mutter oder Vater noch gibt, und viele Kinder schlafen sofort beruhigt wieder ein, wenn sie dessen gewiß geworden sind.

Auch die folgenden Jahre bis ins Schulalter hinein stehen im Zeichen immer wieder und unterschiedlich intensiv und häufig auftretender Auseinandersetzungen mit bedrohlichen Erlebnissen, welche das Kind aus seiner Umgebung aufgenommen, vielleicht mißverstanden, in seiner Phantasie bedrohlich ausgestaltet und aufgebläht, jedenfalls nicht so rasch hat bewältigen können und sie darum auch in seine nächtlichen Träume hat mitnehmen müssen. Gerade die unscharfe Trennung zwischen eigener Vorstellungswelt und dem Erleben der Realität, das in dieser Altersphase noch nicht seine Sicherheit bietende Dominanz entwickelt hat, setzt die Kinder mannigfachen Ängsten aus – das phantasievolle Kind mehr als das einfältige –, aus denen es sich aber im Normalfalle stets in die Sicherheit bietende Geborgenheit der Familie und des Elternhauses hinüberretten kann.

Aber auch die Zeit danach ist nicht ohne ihre typischen Schwellenängste, sei es die Schwelle aus der Familie heraus in Kindergarten und Schule, aus einer vertrauten Gemeinschaft in eine neue, aus Schule und Studium in den Beruf, aus der Kindheit in die verlockende und bedrohliche Selbständigkeit der Reife. An jeder dieser Schwellen steht natürlicherweise und sinnvollerweise eine gewisse Angst, die unsere Sinne schärft für mögliche Gefahren bei der Einordnung in die neue Umwelt und Gemeinschaft, die uns manchmal den Schritt unnötig erschwert, ihn aber anderseits sicher auch öfter als wir denken dadurch erleichtert, daß diese Ängstlichkeit uns davor schützt, wie ein Fremdkörper, ohne Rücksicht auf die eigenen Gesetze der neuen Umgebung, in diese einzubrechen und uns zum Außenseiter zu machen.

So ist also die Angst zwar etwas, dem wir nach Möglichkeit aus dem Weg gehen, aber auch etwas, das uns stets begleitet zu unserem eigenen Schutz. Es kann aber kein Zweifel sein, daß ein Schutzinstinkt wie die Angst seine Aufgabe verliert, die ihm zugemessen ist, wenn er im Leben eines Kindes oder eines Menschen überhaupt zum alles beherrschenden Grundgefühl wird, wenn gewissermaßen der Mensch aus dem Zustand gespannter Aufmerksamkeit zur Abwehr von kommenden Gefahren gar nicht mehr herausgerät, sich gar nicht mehr entspannen und sicher und geborgen fühlen kann. Es kommt also auf das Maß an, auf das ausgewogene Verhältnis zwischen den selteneren Phasen der Angst und ihrer Bewältigung und den die Regel darstellenden Zeiten der Sicherheit, die erst geeignet sind, die Persönlichkeit zur freien Entwicklung und zur Entfaltung zu bringen.

Es gibt nun aber deutliche Hinweise darauf, daß bei unseren Kindern die Zeiten der Angst größer geworden sind und daß die Angst in der prägenden Zeit der früheren und späteren Entwicklung eine zunehmende, zum Teil dominierende Rolle zu übernehmen beginnt, die wir nicht gleichgültig hinnehmen dürfen, da zum einen die Zeiten der Angst einen großen Teil der vitalen Energien binden, die Kinder und Jugendliche zur Entwicklung ihrer Fähigkeiten zur Verfügung haben sollten, also ihre Lernfähigkeit einschränken und beim Kind einen Zustand anhaltender Angespanntheit – man sagt heute Stress – hervorrufen. In den kinderpsychiatrischen Sprechstunden nehmen die Fälle zu, in welchen Kinder oder Jugendliche wegen einer Angstsymptomatik vorgestellt werden. Ich kann zumindest für meine Abteilung sagen, daß seit Jahren der Einweisungsgrund »Angst« wenn auch nicht sehr rasch, so doch aber sehr gleichmäßig und ständig im Zunehmen begriffen ist.

Dieselbe Aufwärtstendenz zeigt, wenn auch in wesentlich stärkerem Maße, die Häufigkeit der Vorstellung der Kinder wegen Schulproblemen aller Art.

Das Krankheitsbild der Schulphobie, der Schulangst, kannte ich zu Beginn meiner kinderpsychiatrischen Ausbildung in den 50er Jahren nur aus wissenschaftlichen Arbeiten aus Amerika. Heute ist es für uns das tägliche Brot der kinderpsychiatrischen Ambulanz. Dabei umfaßt dieses Krankheitsbild nicht etwa die Kinder, die eben nicht gern zur Schule gehen und sich durch Schuleschwänzen die freie Zeit etwas verlängern, sondern es sind Kinder, die zu ihrer eigenen Qual und Verzweiflung zwischen dem Wunsch stehen, wie die anderen Kinder, ohne weiter aufzufallen, jeden Morgen in die Schule zu gehen, und der panischen Angst, die sie spätestens beim Betreten des Schulportals oder des Klassenzimmers überfällt und sie zwingt, entgegen allen guten Vorsätzen wieder umzudrehen. Im stetigen und sich lange hinziehenden Kampf zwischen gutem Vorsatz und Verweigerung, zwischen Bitten, Strenge und Nachgiebigkeit der Eltern versäumen die Kinder immer mehr Schule, werden zum Außenseiter und erschweren sich selbst die Rückkehr zur Schule immer mehr. Bei dem Stellenwert, den die Schule als absolut obligate Einbahnstraße für jede Form der Sozialisation bei uns im Laufe der Jahrhunderte angenommen hat, werden diese Kinder oft frühzeitig aus der Bahn, die zum normalen Leben führt, herausgeworfen, und ihre Zurückführung ist mühselig und nur unter großen Opfern und manchmal bleibenden Schäden möglich.

In den kinder- und jugendpsychiatrischen Ambulanzen beobachtet man in den letzten Jahren auch eine erhebliche Zunahme eines Krankheitsbildes, das auf den ersten Augenblick nichts mit Angst zu tun zu haben scheint: die Magersucht der jungen Mädchen, die Anorexia nervosa. Auch dieses Krankheitsbild war früher eine interessante Seltenheit, heute können wir nicht genug therapeutische Möglichkeiten dafür bereitstellen. Dabei geht es im Grunde hier um die Angst vor dem Erwachsenwerden, um die Angst, aus dem schützenden Bereich der Kindheit hinauszutreten und die Rolle der erwachsenen jungen Frau zu übernehmen.

Mit der Zunahme der Angst und der Schulproblematik in den Sprechstunden hat auch die Aggressivität der Kinder und Jugendlichen als Vorstellungsgrund zugenommen. Man wird zunächst vermuten, wenigstens diese Verhaltensstörung habe nichts mit Angst zu tun, denn der Aggressor, insbesondere der aggressive Jugendliche, ist zunächst ja anscheinend nicht mit der Vorstellung der Angst in Verbindung zu bringen, ja man ist versucht anzunehmen, daß gerade das Fehlen der Angst erst die Aggressivität möglich mache. Tatsächlich aber besteht ein enger

Zusammenhang zwischen Aggression und Angst, so eng, daß man ernstlich die Frage prüfen müßte, ob nicht die Voraussetzung für jede Aggression die Angst sei. Auch der Fisch im Aquarium, der durch aggressives Verhalten gegen den Rivalen seine Aquariumsecke verteidigt, handelt in der Angst vor diesem Rivalen.

Tatsächlich kann die Angst nur auf zweierlei Weise bewältigt, d. h. beantwortet werden: durch Flucht oder durch Angriff. Auch der Löwe in der Steppe wird den ihn bedrohenden Menschen nur angreifen, wenn es zur Flucht zu spät ist. Jede Angst, hervorgerufen durch ein identifizierbares bedrohliches Ereignis, veranlaßt Tier und Mensch zur Flucht, sofern eine solche noch möglich ist. Ist die Möglichkeit der Flucht abgeschnitten, bleibt nur der selbstverteidigende Angriff.

Dieser Aspekt zeigt auch, daß eine ganze Reihe von Verhaltensstörungen, die wir bei den Kindern und Jugendlichen beobachten – übrigens auch bei den Erwachsenen –, Fluchtreaktionen aus Angst sind: Viele Formen der aktiven Leistungsverweigerung und der Schulverweigerung sind Versuche zur Flucht, die zur Wahrung des eigenen Prestiges als Protesthaltung kaschiert sind. Vermehrter Alkohol- und Drogenkonsum sind in aller Regel Formen der Flucht aus nicht lösbaren angsterregenden Konflikten bis hin zum Selbstmordversuch und zum Selbstmord als den extremen Formen der Flucht vor der Angst. Daß viele Selbstmordversuche diese letzte Konsequenz gar nicht wollen, sondern nur eine wirkungsvolle Form eines Hilferufes darstellen, ändert nichts an der Tatsache, daß auch hier in der Angst Hilfe gerufen und die Flucht nur angedroht wird.

Die Möglichkeiten zur Flucht sind aber begrenzt, vor allem dann, wenn gar nicht genau festzustellen ist, von woher die Angst eigentlich kommt, wenn die Bedrohung von allen Seiten zu kommen scheint und wenn die Fluchtwege ihrerseits angsterregend sind. Dann bleibt nur die Aggressivität, und da sie dem Ängstlichen einen Teil der Sicherheit und das Gefühl der Stärke wiedergibt, ist die Aggressivität der noch prognostisch günstigere Weg der Angstbewältigung. Sofern die Aggressiven bei dem Versuch der Bewältigung der Angst nicht in den Bereich der Kriminalität geraten, in dem sie von der Gemeinschaft ausgegrenzt sind und aus dem der Rückweg zur Gemeinschaft ihnen fast unmöglich gemacht wird, haben die Aggressiven die bessere Prognose gegenüber den Fliehenden.

Man könnte sich auch Gedanken machen über die künstlich provozierte Angst, über die Angst als Nervenkitzel, über die auffallende Zunahme der Horrorfilme und die erfolgreiche Wiederauferstehung von Dracula und Frankenstein. Der Erfolg, den solche Filme haben, beruht meines Erachtens nicht darauf, daß die Menschen in einer inneren Leere bei dem Fehlen realer Bedrohung sich gewissermaßen die Angst als spielerischen Nervenkitzel selbst verschaffen. So glaube ich, daß der Erfolg der Horrorfilme dadurch begründet ist, daß man der undefinierbaren Angst, der man ausgesetzt ist, konkreten Ausdruck verleihen kann, die Bedrohung gleichzeitig so weit distanzieren kann, daß sie nicht zur echten Bedrohung werden kann. Es kann einem ja im Kino nichts passieren. Ich kenne ein ängstliches, phantasiebegabtes Kind, das seine Ängste dadurch bewältigte, daß es sich mit Gespenstergeschichten, mit Bildern von Gespenstern umgab, ein ausgestopftes Gespenst zum Bettgenossen machte, Addams-Geschichten liebte und sich ein kleines Plastikskelett im Zimmer aufhängte, dieses allerdings zum Schutz gegen Kälte mit einer Pelerine behäkelte.

Warum aber nimmt die Angst in den letzten Jahren offenbar bei Kindern, Jugendlichen und wohl auch bei Erwachsenen zu? Es erscheint geradezu widersinnig, daß heute (1978) in der Situation einer sozialen und gesellschaftlichen Sicherheit, wie wir sie in der Geschichte schon lange nicht mehr erfahren haben, die Angst zugenommen haben soll, wogegen früher Zeiten von Krieg, Nachkriegszeit und Not ja wahrlich mehr konkreten Grund zur Angst gegeben haben müßten.

Es ist aber ein grundsätzlicher Unterschied, ob

eine Gefahr konkret bevorsteht oder ob sie unfaßbar, undefinierbar und nicht konkret vorhersehbar vorhanden ist. Die konkrete Gefahr erweckt zwar Angst, sie kann aber, da genau bestimmbar, durch Flucht und Angriff beantwortet und bewältigt werden. Die unbestimmbare, diffuse und nicht abgrenzbare Angst dagegen läßt eine solche Bewältigung nicht zu, sie bleibt unbeeinflußbar fortbestehen, wird zur chronischen Belastung und führt dazu, daß der Mensch die ständige und unerträgliche Spannung somatisiert, d. h. in den Bereich des Vegetativen abführt und psychosomatisch krank wird oder frustrane Versuche von Angriff und Flucht versucht, wie wir sie eben bei Kindern, Jugendlichen und Erwachsenen geschildert haben.

Wenn die unbestimmbare Angst plötzlich konkret wird, wird das vielfach als eine Erlösung erlebt. In dem Theaterstück über Anne Frank schließt Annes Vater, als die Familie nach langer qualvoller Angst im Versteck endlich doch von den Häschern gefunden wird, die Szene mit den Worten: »Die Angst ist zu Ende, es bleibt uns die Hoffnung.«

Es ist wohl gerade die offensichtliche Sicherheit, das Fehlen jeglicher konkreten Bedrohung, vor allem aber der Wohlstand, in dem wir uns befinden, der die Angst weckt, man könnte diese Sicherheit und diesen Wohlstand plötzlich wieder verlieren, und vor diesem Verlust hat man um so mehr Angst, als man sich nicht mehr aus eigener Erfahrung daran erinnern kann, daß man dereinst auch ohne Wohlstand und Sicherheit gelebt, ja manchmal intensiver gelebt hat, fröhlicher war und ausgelassener als heute.

Es ist wohl das bestimmte Gefühl, daß es auch angesichts einer immer komplizierter werdenden Welt mit Millionen von hungernden Menschen auf die Dauer nicht so weitergehen kann und wir, vielleicht schneller als wir fürchten, am Ende unserer bürgerlichen Sicherheiten und unserer sozialen Positionen stehen und Worte wie »Besitzstandswahrung« nur noch ein müdes Lächeln wert sind.

Ist nicht die Unmöglichkeit, sich einerseits über die wirklichen Gefahren eines Atomzeitalters zu informieren, andererseits wirklich Bescheid zu wissen über zukünftigen Energiebedarf – unabhängig von privaten Wirtschaftsinteressen und politischer Angstmacherei –, ist nicht diese Unmöglichkeit für den einzelnen Grund genug, Angst zu haben? Und ist es darum nicht verständlich, daß gerade die Jugendlichen sich gegen eine solche vermeintlich oder tatsächlich unberechenbare, aber möglicherweise ohne weiteres vermeidbare angstmachende Bedrohung zur Wehr setzen, daß sie gern auf politische Richtungen eingehen, die in dieser Frage einen klaren Standpunkt einnehmen, und sich mit legalen oder illegalen Mitteln dagegen auflehnen?

So liegt es nahe anzunehmen, daß die Ängste

unserer Kinder im Grunde die Ängste ihrer Eltern sind.

Tatsächlich hängen die pathologischen Ängste der Kinder in außerordentlichem Maße vom Verhalten der sie betreuenden, sie erziehenden und beschützenden Erwachsenen ab.

Schon in den ersten Lebensmonaten, so müssen wir annehmen, wird der entscheidende Grund dafür gelegt, wie das Kind, wenn es später einmal erwachsen sein wird, grundsätzlich zu seiner Umwelt eingestellt ist, ob es sie ängstigend und bedrohlich oder sicher und bergend erlebt. Das Gefühl der Sicherheit und Geborgenheit kann aber ein Kind nur bei einer Mutter, bei Eltern erfahren, die diese Sicherheit und Geborgenheit auch bieten, auch zu vermitteln vermögen. Ängstliche und verunsicherte Eltern werden an ihr Kind, ob sie es wollen oder nicht, den Eindruck weitergeben, die das Kind umgebende Welt biete keine Sicherheit, sie sei bedrohlich und man müsse Angst vor ihr haben.

Man muß keineswegs auf die Extremerfahrungen von Kindern zurückgreifen, die mit ihren Eltern im Säuglingsalter oder kurz danach etwa als Juden ins KZ gekommen sind oder gar im KZ zur Welt kamen. Obwohl sie sich an diese schreckliche Zeit nicht mehr zurückerinnern können und ihnen auch oft die Eltern, weil sie das KZ nicht überlebten, nicht davon berichten konnten, sind sie dennoch auch noch als

Erwachsene von Alpträumen gequält und in einer chronischen Depression gefangen.

Man kann schon beim einfachen Fall in der Sprechstunde feststellen, daß Kinder mit phobischen Zuständen meistens auch ängstliche Mütter haben, und zu der Schulphobie korrespondiert die zwiespältige Persönlichkeitsstruktur einer ängstlich unsicheren Mutter, die sich nicht traut, ihrem Kinde auch etwas abzufordern, und damit zwischen vorgegebener Strenge und vorwurfsvoller Nachgiebigkeit hin- und herpendelt.

Es wäre aber zu billig und darüber hinaus falsch, die Schuld an den früh entwickelten Ängsten der Kinder einfach den Müttern zuzuschieben, vor allem jenen, die pflichtvergessen sich nicht ihrem Kinde widmen, sondern auch noch einem Beruf nachgehen. Solchen nicht nur falschen, sondern auch schädlichen primitiven Vereinfachungen, wie sie zum Beispiel die bekannte Psychagogin Christa Mewes immer wieder verbreitet, kann man schon deswegen nicht nachdrücklich genug entgegentreten, weil zum einen Schuldvorwürfe in der Erziehung immer nur eine Behauptung, eine Theorie, bestenfalls eine statistische Wahrheit sein können, da menschliches Handeln, Reagieren und Verhalten stets auf eine unüberblickbare Zahl von den verschiedensten beteiligten Faktoren zurückzuführen ist, der Schuldbegriff daher in der Erziehungsberatung wie in der Psychiatrie überhaupt nichts zu suchen hat, zum anderen, weil mit der Verteilung von Schuldscheinen niemandem geholfen, vielen Eltern und Müttern aber geschadet ist. Sie rufen ein unbegründetes schlechtes Gewissen hervor, und Eltern mit einem schlechten Gewissen ihren Kindern gegenüber sind in besonderem Maße erziehungsunfähig.

Gerade etwa die Berufstätigkeit der Mütter in den ersten Lebensjahren ihrer Kinder ist, wie auch Ursula Lehr zeigen konnte, in ihrer Auswirkung so schwierig zu beurteilen und differenziert zu bewerten, daß mit einer solch pauschalen Feststellung nichts ausgesagt ist.

Ich würde meine Erfahrungen zu diesem Thema folgendermaßen zusammenfassen:

Eine Mutter, die den Wunsch hat, um eines geliebten Berufes willen nach der Geburt des Kindes wieder berufstätig zu sein, und dies nicht nur wegen des Geldes oder weil es der Ehemann verlangt, nützt ihrem Kinde mehr, wenn sie abends erfüllt und befriedigt von der Arbeit nach Hause zurückkehrt und sich gern ihrem Kinde zuwendet, mehr jedenfalls, als wenn sie dem Kinde zuliebe zu Hause bleibt und ihm ständig mißmutig und gelangweilt den Vorwurf macht, seinetwegen nicht das tun zu dürfen, was sie eigentlich gern möchte. Die Mütter jedoch, die arbeiten müssen, obwohl sie eigentlich lieber bei ihrem Kinde bleiben würden, bekommen diesem Kind gegenüber ein schlechtes Gewissen, sind unglücklich und übertragen dieses Unglücklichsein auch auf das Kind.

Es kann aber kein Zweifel sein, daß es vielen Frauen immer schwerer gemacht wird, beim Kind zu bleiben, wenn sie wollen, sei es, daß echte oder vermeintliche finanzielle Zwänge sie bestimmen, sei es, daß sie entgegen dem herrschenden Trend der modernen Frau sich nicht getrauen, nur Hausfrau zu sein, da man den Hausfrauen hartnäckig das ihrer gesellschaftlichen Bedeutung entsprechende Sozialprestige vorenthält. Außerdem ist, immer noch als Ergebnis einer einseitigen Überbewertung von herkömmlicherweise als gesichert geltenden wissenschaftlichen Erkenntnissen, bei vielen jungen Vätern immer noch die Meinung verbreitet, die frühe Betreuung des Kindes sei ausschließlich, ja müsse ausschließlich Sache der Mutter sein, da sich sonst die notwendige duale Beziehung nicht aufbauen lasse, und der Vater habe erst in der ödipalen Phase des Kindes, also mit drei, vier oder fünf Jahren, eine Bedeutung für das Kind. Dabei kann der Vater – vom Stillen abgesehen – sehr wohl in der frühen Beziehung die Rolle der Mutter übernehmen bzw. diese ohne Schaden für das Kind mit ihr teilen, und die ödipale Phase, die Auseinandersetzung des Kindes mit den beiden gegengeschlechtlichen Elternteilen zur eigenen Identifikation und Rivalität, kann schon

sehr viel früher, wohl schon in den ersten Lebensjahren einsetzen. Die klassische ödipale Phase ent-
stammt wohl dem damaligen Lebensbereich des ge-
hobenen Bürgertums von Sigmund Freud, in dem
sich Väter um die Kinder erst kümmern durften und
konnten, wenn diese sich anschickten, allmählich zur
Schule zu gehen.

Es darf aber andererseits nicht übersehen werden, daß eine Sicherheit bietende frühe Differenzie-
rungsfähigkeit von »bekannt« und »unbekannt« in
der zweiten Hälfte des ersten Lebensjahres nur einsetzen kann, wenn die prägenden optischen, akusti-
schen und taktilen Eindrücke hinreichend konstant
sind, und daß Kinder in Säuglingskrippen mit wech-
selndem Personal hier entscheidend an Sicherheit
einbüßen können. Auch heute, in einer gesicherten
Umwelt, bestehen nicht geringe Gefahren für das
Urvertrauen im Sinne Eriksons oder die Grundstim-
mung des Kindes im Sinne von Meierhofer. Auch
wenn man die berühmten Untersuchungen von René
Spitz und Bowlby zu sehr verallgemeinert und ab-
solutiert hat, so haben sie zweifellos in die richtige
Richtung gewiesen, und wir wissen sehr wohl, daß
hier bereits die Basis für eine bis ins spätere Leben
fixierte Depression und erhöhte Angstbereitschaft
für das Kind gesetzt werden kann.

Die angsterregende Situation setzt sich aber auch
in vermehrtem Maße im späteren Lebensalter der

Kinder fort. Dies gilt in der letzten Zeit vor allem für die in der Kindheit für Leistungsfähigkeit, Leistungsbereitschaft und Selbstvertrauen entscheidende Schulzeit.

Der Slogan »Die Schule macht die Kinder krank«, an dessen Verbreitung ich nicht ganz unschuldig war, wurde wie alle Schlagworte überstrapaziert und mißverstanden. Es geht hier gar nicht darum, daß die Kinder in der Schule vermehrt körperlichen Schädigungen ausgesetzt wären, daß sie ein krummes Rückgrat wegen ausgefallenem Sportunterricht oder wegen zu schwerer Mappen bekommen, eher schon, daß sie vor lauter Hast und Angst vor der Schule morgens das Frühstück ausfallen lassen und daß Kreislaufstörungen oder auch Magengeschwüre bei Kindern häufiger zu beobachten sind als früher. Obwohl dies alles schlimm und beachtenswert genug wäre, geht es vielmehr darum, daß einer immer größeren Gruppe von Kindern die Selbstsicherheit und die Unbefangenheit gegenüber ihren eigenen Fähigkeiten genommen wird und sie der entscheidenden Jahre konkurrenzfreier und kreativer kindlicher Aktivität beraubt und so einer ständigen Überforderung, einer chronischen Angst ausgesetzt werden, die negativ auf ihre seelische Entwicklung, ihr subjektives Wohlbefinden, was aber am schlimmsten ist, auf ihre Sozialisation und die Entfaltung ihrer Fähigkeiten in der Gemeinschaft zurückwirken muß. Eine

Befragung der Schüler durch die Aktion »Humane Schule« des Arbeitskreises Aalen in Württemberg bei insgesamt 1100 Schülern in 38 Klassen sowohl aus Grund-, Haupt- und Realschulen wie auch aus zwei Gymnasien ergab unter vielen anderen interessanten, aber auch bedrückenden Ergebnissen, daß zum Beispiel das Arbeitsklima in der Schule nur von einem Drittel der Schüler positiv beurteilt wird. Bei genauerer Analyse zeigt sich, daß es in den Oberklassen der Hauptschulen nur von 19%, in den Gymnasien nur von 8% positiv beurteilt wird.

Daß dieses Arbeitsklima im wesentlichen durch Angst bestimmt wird, ergibt sich aus der Frage nach dem Gefühl der Überforderung und nach der Angst vor Klassenarbeiten. Nur 15% aller Schüler fühlen sich niemals überfordert, 6% dagegen ständig. Am Ende der Schulzeit sind zum Beispiel in der Realschule nur 2% nie überfordert. Als Ursache wird dabei neben der Fülle des Stoffes die ständige Benotung angegeben, die in den Gymnasien von fast 60% beklagt wird.

Nur 8% aller Schüler haben niemals Angst, d. h., daß 11 von 12 Schülern immer wieder unter Angst in der Schule leiden. Man könnte das noch hinnehmen. Es zeigt sich aber, daß zum Beispiel in der 10. Klasse der Realschule alle Schüler oft Angst vor Klassenarbeiten haben und in der 12. Klasse des Gymnasiums nur 2 von 77 niemals über Angst klagen. Insgesamt leben 9 von 10 Schülern ständig in der Angst vor Klassenarbeiten. Bedrückend dabei ist auch, daß es gar nicht so sehr die Angst vor dem Lehrer oder vor dem Nichtverstehen der gestellten Frage ist, sondern daß an erster Stelle die Angst steht, mit der Zeit nicht zurechtzukommen, und an zweiter Stelle, Vorwürfe von den Eltern zu bekommen.

Die Kinder finden dabei auch – dies ergibt die Umfrage – bei den Erwachsenen keine Hilfe. Was ihnen bei den Lehrern fehlt, ist vor allem das Verständnis. In den letzten Klassen der Schulen, sowohl der Hauptschulen wie der Realschulen und Gymnasien, wird von zwei Dritteln der Kinder der Wunsch nach mehr Verständnis durch die Lehrer und nach mehr Gerechtigkeit geäußert. 80% aller Kinder sind der Meinung, daß ihre Eltern Verständnis für ihre Schulprobleme haben. Die Zahl ist erfreulich hoch, bezüglich der Antwort auf die Frage, wovor sie eigentlich bei der Klassenarbeit Angst hätten, zum großen Teil nämlich vor den Vorwürfen der Eltern, jedoch enthüllend. Sie finden zwar Verständnis bei den Eltern, aber keine Hilfe gegen die Angst.

Dies ist leicht zu erklären, denn die Eltern sind es eigentlich, die Angst vor der Schule und dem Ergebnis der Klassenarbeit haben. Sie fürchten, daß ihr Kind nicht den zur sozialen Sicherheit nötigen Erfolg in der Schule haben könnte, daß es versagen und die von den Eltern für sich selbst befürchtete soziale Katastrophe gewissermaßen vorwegnehmen könnte.

Die Angst der Eltern ist es, die Leistungsdruck und Schulangst verursacht, zumindest begünstigt und fördert. Wir erleben in der Sprechstunde heute immer häufiger, daß uns die Eltern glaubhaft versichern, sie würden gar nicht auf besondere Erfolge bei ihren Kindern drängen und ihren Kindern auch keinerlei Vorwürfe machen, wenn sie mit schlechten Noten nach Hause kämen. Dennoch haben ihre Kinder eine panische Angst vor dem Versagen in der Klassenarbeit oder am Ende des Jahres bei der Zeugnisausgabe, weil sie die Leistungsanforderungen der Eltern oder ihrer Umgebung schon so sehr in sich aufgenommen, so sehr internalisiert haben, daß sie auf Druck von außen gewissermaßen gar nicht mehr angewiesen sind, sondern sich selbst schon zu frustranen Höchstleistungsversuchen anpeitschen.

Dabei wissen wir, daß die Angst in besonderem Maße geeignet ist, die schulische Leistungsfähigkeit zu beeinträchtigen. Nur in sehr begrenztem Maße und nur bei gut begabten Kindern ist sie in der Lage, noch eine gewisse Leistungsreserve zu aktivieren, bei allen anderen Kindern macht sie dumm, d. h., sie verhindert die Entfaltung der tatsächlichen intellektuellen Leistungsfähigkeit. So geraten diese Kinder in einen Circulus vitiosus, in dem sie Angst vor dem Leistungsversagen haben, wegen der Angst tatsächlich bei der geforderten Leistung versagen und aufgrund dieser sich stets wiederholenden Mißerfolgserlebnisse jedes Selbstgefühl und schließlich auch jede Leistungsfähigkeit einbüßen.

Da von den Schulbehörden diese durch Angst reduzierte Leistungsschwäche rigoros und bedenkenlos zur Auslesedifferenzierung für die unterschiedlichen Sozialchancen mißbraucht wird, ist die Angst der Eltern und ihrer Kinder auch tatsächlich ganz berechtigt. Daß man die Lösung des großen Problems eines Mißverhältnisses zwischen einer geringeren Zahl von Ausbildungs- und Arbeitsplätzen und einer höheren Zahl von sich darum bewerbenden Schul- und Studienabgängern aber auf diese bequeme Weise zu lösen versucht, daß man den Ausleseprozeß in immer jüngere Schulklassen vorverlegt, ist ein Verbrechen an diesen Kindern, von denen ein immer größerer Anteil in seiner Persönlichkeitsentwicklung geschädigt, durch die Schule beziehungsweise durch das Schulsystem krank gemacht wird.

Haben nun Schüler und Studenten sich mühsam bis zum Ausbildungsziel durchgeschlagen und dabei Federn gelassen, dann ist es nicht verwunderlich, daß viele schließlich die Angst vor der Selbständigkeit im Beruf packt, auf welchen sie eigentlich, wenn man von den rein handwerklichen Ausbildungsgängen absieht, nie wirklich vorbereitet worden sind. So ist es auch zu verstehen, daß immer mehr Studenten nach bestandenem Examen eigentlich am allerliebsten noch ein zweites Studium beginnen möchten und das Eintreten in den Beruf, auch da, wo es ohne weiteres möglich wäre, noch hinausschieben wollen.

Dieser Angst vor der individuellen Berufswirklichkeit und Berufsbewährung entspricht im politischen Bereich die Angst vor dem Engagement, die durch extensive Auslegung des Radikalenerlasses bewußt oder unbewußt gefördert wird. Hat man sie noch als Studenten ermuntert, sich doch aktiv an der Hochschulpolitik durch Beteiligung an Senats- und Fachbereichswahlen zu beteiligen, so können sie da und dort im Bundesgebiet erleben, daß ihnen später gerade diese legale Aktivität, geschah sie zufällig bei einer extremen Gruppe – und wer interessiert sich in diesem Alter nicht gerade für das Extreme –, für sie zum Fallstrick im Beruf gemacht wird.

Dazu kommt im politischen Raum, daß die Machtverhältnisse immer undurchschaubarer werden, daß die Jugendlichen aus täglicher Erfahrung der Meinung sein müssen, man könne in diesem zähen Staats- und Behördenapparat gegen objektive und auch ohne weiteres zugestandene Mängel auf legalem Weg ohnehin nichts erreichen. Das angsterregende Gefühl des Ausgeliefertseins an einen scheinbar oder tatsächlich unbeeinflußbaren Staatsapparat legt die panische Reaktion des blinden und sinnlosen Angriffs nahe.

Das Thema ist dem Kind zwischen Familie und Gesellschaft gewidmet. Neue begrüßenswerte Aktivitäten im Änderungsentwurf zum Gesetz der elterlichen Sorge sind dahin ausgerichtet, dem Kind und Jugendlichen mehr Recht in dieser Gesellschaft zu verschaffen. Ich habe diese Aktivitäten an anderer Stelle in Wort und Schrift vielfach unterstützt und mich selbst für eine größere Selbständigkeit und ein früheres Mitspracherecht der Kinder, etwa in Sorgerechts- und Verkehrsregelungsfragen, nachdrücklich eingesetzt.

Selbständigkeit und Mitspracherecht stehen aber offenbar dem Schutz und der Geborgenheit gegenüber, zumindest scheinbar. Das Kind steht also zwischen der Gefahr der übermäßigen Geborgenheit einerseits, die schließlich in die Unterdrückung mündet, und der Selbständigkeit, die unter Umständen in Vernachlässigung und Verwahrlosung enden könnte. Auch hier geht es wie stets um das rechte Maß. Das rechte Maß aber bilden auf der einen Seite die Bedürfnisse und Fähigkeiten des Kindes in seiner jeweiligen Altersstufe und auf der andern das Menschenbild, das wir uns vom erwachsenen Menschen machen, das Erziehungsziel also und die Forderungen, die die Gesellschaft später an das zum Erwachsenen herangereifte Kind einmal stellen wird. Das heißt aber, daß wir in den frühen Jahren der Kindheit die stabile Grunderfahrung von Sicherheit und

Geborgenheit in Familie und Gemeinschaft vermitteln, andererseits aber das Kind zeitig genug auch in die Lage versetzen sollten, das nötige Selbstgefühl zu erwerben, zu lernen, Entscheidungen zu treffen, und sich als gleichberechtigte Partner dieser Gemeinschaft fühlen zu können. Tatsächlich ist aber unser Erziehungssystem mehr denn je darauf ausgerichtet, soziale Abhängigkeit zu perpetuieren, indem das Alter, in dem immer mehr Jugendliche endlich sozial und familiär selbständig werden können, immer mehr in das dritte Lebensjahrzehnt, zum Teil in den Anfang des vierten rückt; wir verschulen, theoretisieren und verlängern die Ausbildungsgänge immer mehr, und das Rechtssystem hält hartnäckig an der Unmündigkeit der Kinder und Jugendlichen fest. Es räumt ihnen zwar mit 18 Jahren schlagartig ein politisches Mitspracherecht ein, aber auch keinen Tag vorher ein Entscheidungsrecht in ihren persönlichen Dingen. Hier wird die Pflicht der Gemeinschaft, dem Kind Geborgenheit zu bieten, zur Unterdrückung und steht dem Ziel der Erziehung zum selbständigen und mündigen Staatsbürger unvereinbar entgegen.

Man sollte also das eine tun und das andere nicht lassen. Man sollte in den frühen Jahren sichere Geborgenheit bieten, aber auch frühzeitig zur Selbständigkeit erziehen. Das schließt sich keineswegs aus, ja es bedingt sich im Grunde gegenseitig.

Hieraus ergeben sich nun die Forderungen, die zu stellen sind:

Eine Erweiterung des Mutterschutzes als Möglichkeit, nicht aber als Zwang, eine Anerkennung der wichtigen Aufgabe der Betreuung einer Familie durch ein Muttergehalt. Auch wenn dies vielleicht gerade zum gegenwärtigen Zeitpunkt mehr denn je eine Utopie ist, so schiene es doch vertretbar und erreichbar, daß die Zeit, die eine Frau freiwillig zur Betreuung ihrer eigenen Kinder zu Hause bleibt, als rentenberechtigte Tätigkeit entsprechend dem Niveau ihrer früheren Berufstätigkeit auch über mehrere Jahre anerkannt wird. Jede Mutter, die berufstätig sein will und darf, ist kein Schaden für ihr Kind, jede Mutter, die berufstätig sein muß und es nicht will, kann dagegen eine Katastrophe für das Kind sein.

Wichtiger als Maßnahmen zum Schutz der frühen Kindheit gegen frühe Angstentwicklung scheint mir, gegen die Angst der Erwachsenen etwas zu unternehmen. Das aber ist ungleich schwieriger. Eine vermehrte Information und Transparenz aller uns mittelbar oder unmittelbar berührenden politischen oder wirtschaftlichen Vorgänge scheitert an der immer mehr sich einschränkenden Erfahrbarkeit und Verstehbarkeit für den einzelnen. Im Grunde wäre also ein immer größeres Vertrauen in die uns umgebenden Kräfte notwendig, wo tatsächlich ein immer größeres Mißtrauen Platz greift. Ist das Vertrauen als ein religiöses Vertrauen auf transzendentale Fundamente aufgebaut, kann sich ein Teil der existentiellen Angst lösen. Fehlt aber diese Verankerung außerhalb menschlicher Zuständigkeit, dann haben wir es mit der existentiellen Angst zu tun, die das Thema moderner Existenzphilosophie seit Kierkegaard, Heidegger und Sartre ist. Im Hinblick auf die Kinder wäre aus einer solchen Lebensbetrachtung zu fordern, daß der Erwachsene vor dem Kinde diese unausweichliche existentielle Angst in Würde und Tapferkeit zu tragen hätte, oder er müßte darauf verzichten, eigene Kinder zu haben und sie aufzuziehen. Die makabre Alternative zu dieser Entwicklung wäre die Aufzucht der Kinder in staatlicher Obhut, frei von der Angst der Eltern, wie sie aus der emotionalen Bindung zu ihren Kindern im Hinblick auf deren Zukunft entsteht. Dies würde aber eine Erziehung werden, die zwar Geborgenheit bieten könnte, aber die Individualität unterdrücken und die emotionalen Kräfte beschränken würde. Eine Vision, wie wir sie ablehnen möchten.

In bescheidenerem Rahmen scheint es mir aber durchaus möglich zu sein, durch ein Bewußtmachen dieser Zusammenhänge zwischen begründeter oder unbegründeter Angst der Erwachsenen und der sich daraus entwickelnden und potenzierenden Angst unserer Kinder, durch die Information über die Fehlwirkungen einer im Grunde wohlgemeinten Erziehungspolitik manche Eltern doch instand zu setzen, ihren eigenen Kindern zuliebe die Angst vor einem möglichen Verlust an Besitz, sozialer Position und Lebensqualität als unnötig, weil gegebenenfalls unvermeidbar, abzubauen und sich und die Kinder auf einen möglichen Verzicht in ebendiesen Bereichen vorzubereiten.

Die Bereitschaft zum Verzicht mindert die Angst vor Verlust. Eine Minderung der Angst vor Verlust fördert die Sicherheit unserer Kinder.

Kind und Ehescheidung

Seit der zunehmenden Säkularisation der Ehe und der Tendenz zur Lebensabschnittsbeziehung kommt es auch immer häufiger zur Ehescheidung oder Trennung der beiden Partner. Solange aus dieser Beziehung keine Kinder hervorgegangen sind, bleibt das eine Privatangelegenheit der beiden Partner. Haben sie jedoch ein gemeinsames Kind oder gar mehrere, dann kann das nicht mehr eine Angelegenheit bleiben, welche Vater und Mutter unter sich ausmachen können. Kinder haben zwar mit ihren Eltern keinen Vertrag abgeschlossen, wie ihn eine Ehe begründet, sie haben aber einen Anspruch auf ihre Eltern, den diese nicht einfach kündigen können.

Dies verlangt zunächst eine Beantwortung der Frage, was Eltern für ein Kind überhaupt bedeuten. Dabei kann der Elternbegriff biologisch-genetisch oder psychologisch-soziologisch definiert sein. Der juristische Elternbegriff kann, zumindest wenn es um die Belange der Kinder geht, keine Gültigkeit haben. Eltern sind aus psychologischer und kinderpsychiatrischer Sicht der Mann und die Frau, die während der entscheidenden Jahre der kindlichen

Entwicklung hinreichend kontinuierlich mit dem Kind zusammenleben und die mit dem Kind, aber auch untereinander eine emotionale Beziehung eingegangen sind. Für das Kind ist das Miterleben der Beziehung zwischen Vater und Mutter etwas für seine psychosoziale Entwicklung enorm Wichtiges. Eltern sind daher mehr als die Summe von Vater und Mutter, und nach einer definitiven Trennung der Eltern kann eben – aus meiner Sicht – nicht mehr von Eltern, sondern nur noch von Vater und Mutter oder von Elternteilen gesprochen werden. Das Fortbestehen eines Elternrechts und nicht nur eines Vaterrechts und Mutterrechts nach einer definitiven Beendigung der Beziehung zwischen Vater und Mutter – gleichgültig ob sie leibliche Eltern sind oder nicht – ist ein Widerspruch in sich.

Mit dieser Definition stoße ich aber bei vielen auf energischen Widerspruch. All jene, die sich um den Fortbestand des Elternstatus für Scheidungskinder einsetzen, sollten aber nicht vergessen, daß Eltern, die nicht mehr bereit sind, ein Minimum an positiver emotionaler Beziehung zueinander nach der Scheidung und im gemeinsamen Umgang mit dem Kind weiterzupflegen – und viele Eltern scheiden sich gerade deshalb, um dieses Minimum nicht mehr eingehen zu müssen –, auch für das Kind keine Eltern mehr sein können. Sie sind nur noch Vater und Mutter.

Der Begründer der Psychoanalyse Sigmund Freud prägte den Begriff der ödipalen Situation als eine für die psychosoziale Entwicklung besonders wichtige Phase. Diese hat ihre Bedeutung viel weniger, als das früher angenommen wurde, in der sexuellen Identifikation des Kindes mit dem gleichgeschlechtlichen Elternteil als vielmehr in der sogenannten Triangulation, das heißt, in der Fähigkeit, eine emotional begründete Beziehung zwischen drei Personen – hier zwischen Vater, Mutter und Kind – einzugehen und diese aufrechtzuerhalten. Dieser Schritt ist gewissermaßen Voraussetzung für jede Gruppenfähigkeit und damit für eine Sozialisation überhaupt.

Da wir wissen, welche negative Wirkung anhaltender Streit und Auseinandersetzung zwischen den Eltern für die spätere psychische und psychosoziale Entwicklung der Kinder haben können, ist die oft gestellte Frage, ob man um der Kinder willen eine Ehe aufrechterhalten solle oder nicht, außerordentlich schwer zu beantworten. Dabei darf aber auch nicht übersehen werden, daß das Aufrechterhalten einer für die beteiligten Erwachsenen qualvollen Ehe längerfristig auch die Beziehung des gequälten Elternteils zu seinen Kindern beeinträchtigen muß. Ältere Kinder halten daher wohl öfter eine Trennung ihrer Eltern für gut und richtig.

Scheidungen erfolgen in aller Regel auf Verlangen eines der beiden Elternteile, aber fast nie um der Kinder willen, die ganz überwiegend auch dann eine Wiederherstellung der Beziehung ihrer Eltern wünschen, wenn die bisher geführte Ehe von ständigem Streit und Auseinandersetzung begleitet war. Dieser oft auffallende Wunsch der Kinder rührt natürlich vor allem von der Angst vor einer Zukunft, die sie sich nicht im einzelnen vorstellen können, aber auch von der Angst, sich von einem Elternteil trennen zu müssen.

Diese Ängste werden dadurch verstärkt, daß Eltern ihre Probleme, ihre Auseinandersetzungen und auch ihren Streit zunächst vor den Kindern zu verbergen suchen, in der durchaus guten Absicht, die Kinder damit nicht zu belasten. Tatsächlich aber spüren die nicht mehr ganz kleinen Kinder diese Spannungen sehr wohl. Die Unkenntnis der möglichen Folgen verunsichert sie nachhaltig. Eine frühzeitige, gemeinsame Information der Kinder ist für diese sehr hilfreich.

Die Belastung und die Reaktion der Kinder hängen natürlich sehr stark vom Alter der betroffenen Kinder ab. Kinder im Vorschulalter reagieren anders als ältere Grundschulkinder und Kinder in der Zeit vor der Pubertät.

Im Vordergrund stehen Verlustängste, vor allem bei den kleineren Kindern, die erlebt haben, daß eine wichtige Bezugsperson plötzlich verschwinden kann. Gegenüber dem Verlust einer Bezugsperson durch den Tod unterscheidet sich der Verlust bei Trennung der Eltern vor allem dadurch, daß die verlorene Person häufig im Gespräch von der Restfamilie tabuisiert wird. Über den toten Vater oder die tote Mutter wird meist, zumindest nach Überwindung des ersten Schocks, positiv gesprochen, ja der oder die Tote wird sogar überhöht, und das Kind kann sich allmählich mit dem definitiven Verlust auseinandersetzen.

Ganz anders ist es bei der Trennung der Eltern. Meist wird über den weggegangenen Elternteil nicht oder allenfalls nur abwertend gesprochen, dabei weiß das Kind, daß der Betreffende noch am Leben ist, was eine definitive Lösung verhindert.

Die Angst der Eltern, und zwar sowohl die Angst vor dem anderen Elternteil, von dem man sich in streitiger Auseinandersetzung trennt, wie auch die Angst um die Kinder, gleichgültig ob sie da sind oder beim anderen Elternteil, überträgt sich auch auf die Kinder.

Man kann dabei auch charakteristische Reaktionen erleben, vor allem bei Kindern im Vorschulalter oder Grundschulalter. Sie sind noch zu jung, um sich gegenüber den sich widersprechenden Positionen der beiden Eltern eine eigene Meinung bilden und diese behaupten zu können. Es bleibt ihnen in der sich oft lang hinziehenden Auseinandersetzung gar nichts anderes übrig, als sich mit dem Elternteil, mit dem sie die überwiegende Zeit zusammenleben, zu identifizieren und seine Einstellung dem anderen Elternteil gegenüber zu übernehmen. Dies tun sie oft in einer so übertriebenen Weise und unter gleichzeitiger Abwertung des anderen Elternteils und der wahrheitswidrigen Verneinung, je mit ihm eine gute Beziehung gehabt zu haben, daß hier der Verdacht der negativen Beeinflussung fast unvermeidlich erscheint. Tatsächlich ist diese Überidentifikation nur ein Schutz gegenüber der eigenen, nicht aushaltbaren Ambivalenz.

Manche Kinder, reifere und etwas ältere Kinder, retten sich aus dieser Ambivalenz dadurch, daß sie einen eigenen Standpunkt zwischen dem der Eltern einnehmen. Hier findet gleichsam eine Vorverlegung der Reifeentwicklung um mehrere Jahre statt. Diese Kinder verzichten oft unfreiwillig auf Jahre ihrer Kindheit und finden zu einer frühzeitigen, unnatürlichen Reife. Aber auch Jugendliche in der Adoleszenz können schwer unter den Auseinandersetzungen ihrer Eltern leiden.

Die meisten Scheidungen führen zu einem Ungleichgewicht der Beziehungen der Kinder zu ihren Eltern, auch wenn diese Beziehungen vorher ziemlich gleich verteilt waren. Um das zu vermeiden, war die Entscheidung des Bundesverfassungsgerichts im Jahre 1982 allgemein begrüßt worden, die das gemeinsame Sorgerecht auch nach der Scheidung der

Eltern zugelassen hat. Es ist inzwischen praktisch zum Regelfall geworden, da eine Alleinsorge eines Elternteils ausdrücklich beantragt und begründet werden muß. Die Bereitschaft zum gemeinsamen Sorgerecht ist in gewisser Weise zu einer moralischen Pflicht für die Eltern geworden.

Anfänglich knüpften sich große Hoffnungen an diese Möglichkeit. In den USA, wo es das gemeinsame Sorgerecht schon länger gibt, haben sich diese nur beschränkt erfüllt. Dort hat man festgestellt, daß durch das gemeinsame Sorgerecht die Zusammenarbeit der Geschiedenen zwar wachse, die Aggressionen zwischen ihnen jedoch nicht unbedingt schwänden. Es werde den Eltern ein großes Maß an Flexibilität abverlangt, während die Kinder oft ein Doppelleben führten. Zwar würden Männer und Frauen dort, wo die gemeinschaftliche Sorge funktioniere, echte Achtung vor ihren ehemaligen Ehepartnern entwickeln, aber ganz allgemein könne festgestellt werden, daß Kinder, deren Eltern sich für das gemeinsame Sorgerecht entschieden haben, weniger an Kinder aus intakten Familien erinnerten, sondern eher an Kinder, die von einem Alleinerziehenden versorgt werden.

Das zentrale Problem kleiner Kinder bleibe nach der Scheidung bei beiden Formen des Sorgerechts dasselbe: Sie fürchten, im Stich gelassen zu werden. Vor allem kleinere Kinder könnten durch die gemeinschaftliche elterliche Sorge nicht unbedingt vor den schädlichen Folgen einer Scheidung bewahrt werden. Die Form des Sorgerechts hat offenbar nur einen geringfügigen Einfluß darauf, wie die Kinder psychisch mit der Situation einer Scheidung ihrer Eltern fertig werden. Die negativen Erfahrungen einer Trennung von einem Elternteil der Kinder können jedenfalls durch eine Sorgerechtsregelung – welcher Art auch immer – nicht verhindert werden. Sie verlieren in jedem Fall das gemeinsame Zusammenleben mit ihren Eltern und damit die Eltern als Beziehungserlebnis.

Jedenfalls erfordert das gemeinsame Sorgerecht von den Eltern neben der vollen Erziehungsfähigkeit beider Eltern, einer hinreichenden räumlichen Nähe und genügend Zeit zu persönlichem Kontakt auch den Willen und die Fähigkeit der Eltern, sich regelmäßig über das Kind und seine Belange unter Einbeziehung des Kindes zu einigen und einvernehmliche Anordnungen zu treffen. Die Voraussetzung hierfür ist die gegenseitige Achtung der Eltern und die Freiheit von Angst voreinander. Das gemeinsame Sorgerecht muß von den beiden Eltern freiwillig übernommen werden und kann ihnen nicht aufgezwungen werden. Deswegen kommen eigentlich von vornherein nur solche Eltern für ein gemeinsames Sorgerecht in Frage, die auch vorher schon dem Familiengericht einen gemeinsamen Vorschlag über das alleinige Sorgerecht vorzulegen in der Lage waren bzw. sich über den ständigen Aufenthalt des Kindes einig sind. Ein aufgezwungenes gemeinsames Sorgerecht wird erfahrungsgemäß alsbald von einem Elternteil wieder aufgekündigt.

Streitende Eltern sind jedoch wegen einer unvermeidlichen Einengung des Blickfelds auf ihre eigenen Probleme grundsätzlich nicht in der Lage, für ihre Kinder eine optimale Entscheidung zu treffen. Es hat sich gezeigt, daß Elternpaare, welche bei der Ehescheidung dem Familiengericht einen gemeinsamen Vorschlag unterbreitet haben, sich in keinem Fall ausdrücklich vom Kindeswohl leiten ließen. Dies bedeutet natürlich nicht, daß der gemeinsame Vorschlag in allen diesen Fällen dem Kindeswohl entgegengestanden sei, vielmehr, daß das Kindeswohl für die Eltern in dieser Situation kein beachtenswertes Kriterium war.

Was bedeutet nun die Scheidung der Eltern für das Kind?

Daß für die Kinder das Ende des Zusammenlebens mit beiden Eltern eine beängstigende Bedrohung bedeutet, wurde bereits angesprochen. Oft wird die Verunsicherung verstärkt durch das Miterleben von Auseinandersetzungen und Gewalt zwischen den Eltern.

Durch die Änderungen des Familienrechts 1977 und 1980 wurden die Bindungen des Kindes an seine Eltern und Geschwister zum zentralen Kriterium der Sorgerechtsentscheidungen nach § 1671 BGB gemacht. Unter Bindungen versteht man, daß sich ein Kind, wie auch wir Erwachsenen, an gewisse Menschen mehr, an andere weniger gebunden fühlt. Gerade bei kleinen Kindern lassen sich diese Bindungen im Alltag deutlich beobachten.

Ich habe schon im Jahre 1963 erstmals die Forderung erhoben, daß das Kind in der für seine weitere Entwicklung so entscheidenden Frage der Sorgerechtsregelung angehört werden sollte, zumindest, daß sich die Familiengerichte darum bemühen sollten zu erfahren, bei welchem Elternteil es lieber leben möchte, oder wenigstens, welche emotionalen Tendenzen das Kind zeige. Mit den Änderungen des Familienrechts wurde nun 1980 die Anhörung der Kinder, unabhängig von ihrem Alter, zur Pflicht gemacht.

Diese Forderung, die ebenfalls auf starken Widerstand, zunächst auch bei den Familienrichtern stieß, hat für mich zunächst zwei einfache Gründe: Zum einen verstößt es gegen die Menschenwürde eines Kindes, wenn über es einfach verfügt wird wie über ein Objekt. Auch das Kind ist eine Persönlichkeit mit eigenem Willen, der, wenn nicht respektiert, zumindest zur Kenntnis genommen werden sollte. Zweitens ist es von vornherein eine schlechte Voraussetzung für eine zukünftige Erziehungssituation, wenn das Kind gegenüber seiner nun wichtigsten Bezugsperson eine ablehnende Haltung zeigt.

Die Anhörung des Kindes bedeutet nicht – und das ist ein häufiges Mißverständnis –, daß die Kinder sich zwischen Vater und Mutter zu entscheiden gezwungen sind. Auch der Wille eines Kindes, sich eben nicht zwischen Vater und Mutter entscheiden zu wollen, muß respektiert werden. Aber dazu muß man es zunächst einmal in geeigneter Form anhören.

Wir wissen heute, daß bei einem Teil der Kinder die richterliche Befragung zweifellos eine gewisse psychische Belastung bedeutet, daß aber diese Belastung ihren Grund nicht in der Befragung hat, sondern in der dahinter stehenden Spannungssituation der Familie. Ein bestehendes und die Kinder belastendes Problem aber wird nicht dadurch verringert oder gar beseitigt, daß man es nicht anspricht und möglichst unter der Decke hält. Tatsächlich erleben viele Kinder die Befragung durchaus als etwas Entlastendes. Es ist für sie eine echte Hilfe, wenn sie endlich mit jemand darüber sprechen können, der nicht Partei ist. Im übrigen bestätigte eine beobachtende Untersuchung, daß die Familienrichter die Befragung im großen Ganzen sehr gut mit minimaler Belastung und mit Gewinn für den Richter durchführen. In der Zwischenzeit ist die Anhörung der Kinder weitgehend zu einer Selbstverständlichkeit geworden.

Die Sorgerechtsentscheidung kann sich nun bei unterschiedlich gewichteten Bindungen des Kindes an diesen orientieren oder aber, wenn das Kind keine Entscheidung treffen kann oder die Bindungen etwa gleichgewichtig sind, nach sogenannten sekundären Entscheidungskriterien getroffen werden, also im wesentlichen nach den günstigeren Betreuungsmöglichkeiten oder nach den Kriterien der Kontinuität.

Wir haben mit dem neuen Gesetz eine dem Kindeswohl dienliche Entscheidungsgrundlage, jedenfalls ein zuverlässigeres Kriterium als einen Wechsel auf eine unbestimmte Zukunft, der in jedem Fall spekulativen Charakter haben muß. Die Entscheidung muß sich nach der gegenwärtigen Situation richten, und zu erwartende personelle Änderungen können nur bei hinreichender Wahrscheinlichkeit Berücksichtigung finden.

Der Druck, der bei Sorgerechtsentscheidungen gelegentlich auf Eltern ausgeübt wird, geht immer zu Lasten der beteiligten Kinder. Dies gilt ganz besonders für die Regelung der Umgangsbefugnis. Hier spielen die Ängste und das Mißtrauen vor dem anderen Partner eine wesentliche Rolle. Nicht selten kommt es dabei zu einem Problem, wenn das Kind von einem Elternteil zum Besuch bei diesem abgeholt wird, weint oder auf andere Weise dem zurückbleibenden Elternteil deutlich macht, daß es eigentlich gar nicht gerne weggehe. Der abholende Elternteil merkt davon nichts, im Gegenteil, kaum sind sie um die Ecke verschwunden, ist das Kind lebhaft und vergnügt und genießt den Besuch. Wenn dann der Zeitpunkt der Rückkehr naht, zeigt das Kind seinem Besuchselternteil, daß es eigentlich viel lieber bei ihm bliebe. Daheim wirft es sich dann aber mit sichtlicher Erleichterung dem Elternteil zu Hause an den Hals. Wenn die Eltern davon hören, halten unvermeidlich beide den anderen für einen Lügner. Dabei wollte das Kind nur jedem zeigen, daß es ihn liebt. Es möchte nur vermeiden, daß die Eltern, von denen es weiß, daß sie Probleme miteinander haben, denken könnten, es sei lieber beim anderen. Da hilft nichts, als jedesmal das Kind persönlich zu übergeben und sich dabei eine Weile miteinander zu unterhalten oder gar zusammen eine Tasse Kaffee zu trinken.

Sofern dies nicht ausdrücklich dem Kindeswohl widerspricht, hat das Kind auch ein Recht, nach der Scheidung seiner Eltern weiterhin mit all den Personen in Kontakt zu bleiben, mit denen es eine gute Beziehung aufgebaut hatte und weiterhin pflegen möchte, also beispielsweise mit den Großeltern beider Eltern und mit seinen Geschwistern.

Das Verhalten der Eltern zueinander ist für die Kinder eine wichtige Erfahrung. Gute Ehen sind oft ebenso »erblich« wie schlechte Ehen, das heißt, das Erlebnis der Kinder vom Umgang der Eltern miteinander und der Art und Weise, wie sie Probleme miteinander bewältigen und immer wieder auf eine gemeinsame Basis zurückfinden, kann nicht selten später auch für das Partnerverhalten der Kinder prägend sein. Auch die gemeinsame elterliche Sorge unverheirateter, aber zusammenlebender Partner wurde schließlich rechtlich bestätigt, weil das Wohlergehen und die psychische Entwicklung eines Kindes nicht davon abhängig ist, ob die mit ihm zusammenlebenden Eltern eine standesamtlich beglaubigte Ehe eingegangen sind oder nicht.

Wenn es zur Ehescheidung und Trennung kommt, dann ist eine Scheidungsberatung, das heißt eine begleitende Beratung der sich trennenden Partner, oft eine notwendige, zumindest aber eine hilfreiche Institution. Eine solche Einrichtung erschien früher nicht akzeptabel, da eine Ehescheidung ja den Sittennormen widersprach. Ziel dieser begleitenden Beratung muß die Vermeidung vermeidbarer Streitpunkte zwischen den Eltern um des Kindeswohls willen sein. Dafür ist die Rolle des Anwalts nicht unbedingt geeignet. Von seinem Berufsverständnis her ist er daran interessiert, daß seine Partei den Prozeß gewinnt und sich durchsetzt. Im Grunde muß aber ein Ehescheidungsverfahren und alles, was damit zusammenhängt, so geführt werden, daß es keinen Verlierer und keinen Gewinner gibt.

Schließlich muß das Vorrecht des Elternrechts vor den Belangen des Kindes durch ein eigenes Kindesrecht überwunden werden. Die noch aus dem letzten Jahrhundert stammende Vorstellung, daß Eltern grundsätzlich geeignet und allein berufen sind, über das Wohl ihrer Kinder zu bestimmen, ist unter den gegebenen demographischen Änderungen und der damit bedingten Veränderung der Familienstruktur nicht mehr haltbar. Das Kind ist vielmehr in besonderem Maße schutzbedürftig, kann diesen Schutz aber gerade im Falle der Scheidung nicht mehr von den Eltern erfahren. Dies begründet die Forderung nach einem unserem Bürgerlichen Gesetzbuch noch fremden eigenen Kinderrecht. Eine Hilfe in dieser Situation ist der in streitigen Verfahren eingeführte »Anwalt des Kindes«, der die Belange des Kindes vor dem Familiengericht vertritt.

Das Fehlen eines eigenen Kindesrechts wird beispielsweise an den Überlegungen deutlich, wie sie um ein neues Umgangsrecht unehelicher Väter angestellt werden. Der uneheliche Vater soll dem geschiedenen ehelichen Vater in seinem Recht im Umgang mit seinem Kind gleichgestellt werden. Dabei geht es eigentlich viel weniger um das Recht des Vaters als um das Recht des Kindes, bestehende emotionale Beziehungen aufrechtzuerhalten. Das heißt, es geht um dessen Schutz. Niemand darf auf die Dauer das Recht haben, bestehende Beziehungen und Bindungen eines Kindes zu unterbrechen oder gar ganz zu unterbinden, solange diese Bindungen und Beziehungen nicht eindeutig dem Kindeswohl entgegenstehen.

Um bei einer streitigen Ehescheidung auch den Bedürfnissen und Interessen der von der Trennung und Scheidung ihrer Eltern betroffenen Kinder gerecht zu werden, ist es notwendig, daß beide Eltern verstehen, daß das Kind, auch schon das kleine Kind, eine eigene Beziehung zu jedem seiner Eltern hat, die sich auch von der des einen oder anderen Elternteils unterscheiden kann. Diese Selbständigkeit jedes Kindes muß auch bei der Auflösung einer Familie anerkannt und beachtet werden.

In der Schule

Das Vorschulkind und der
Numerus clausus

Peter, noch nicht ganz sechs Jahre alt, besucht einen Kindergarten, der einmal in der Woche nachmittags eine Vorschulerziehung durchführt. Neulich geriet nun Peter in einen schweren Gewissenskonflikt. Für ebendiesen Nachmittag war ein Caterpillar angekündigt, der im Garten seines Elternhauses eine Grube für die Garage ausheben sollte. Peter wollte sich eigentlich dieses einmalige Ereignis nicht entgehen lassen, andererseits hatte er Angst, die Vorschule zu versäumen. Er meinte, er werde den Anschluß an die andern Mitschüler verpassen. Nach qualvollem inneren Kampf entschloß er sich, auf den Caterpillar zu verzichten und zur Vorschule zu gehen.

Ist das nicht ein gutes Beispiel, wie ein Kind frühzeitig lernt, Pflicht vor Neigung zu setzen? Hat Peter nicht ein besonderes Pflichtbewußtsein und Reife bewiesen?

Ich meine, was sich hier abgespielt hat, ist ein Zeichen dafür, daß sich bei unseren Kindern schon im Vorschulalter eine Bildungskatastrophe anbahnt. Keine Bildungskatastrophe infolge mangelnder Ausschöpfung intellektuellen Potentials, wie sie Picht, der Heidelberger Bildungsforscher, vorausgesagt hat, sondern eine Katastrophe der emotionellen Bildung, die Picht nicht gewollt, aber ungewollt herbeigerufen hat.

Nicht im Falle des kleinen Peter, der glücklicherweise einen vernünftigen Vater hat, der ihm erklärte, er dürfe ruhig daheim bleiben und auf den Caterpillar warten, die Vorschule komme immer noch zu ihrem Recht. So verhalf er seinem Sohn zu einem vergnügten, aufregenden Nachmittag im Führerhaus der gewaltigen Maschine, einem Nachmittag von bleibendem und einmaligem emotionellen wie technischen Bildungswert.

Weniger vernünftig waren die Eltern des auch etwa sechsjährigen Frank. Er sollte es einmal »zu etwas bringen«, es »besser haben« und wurde deshalb fast jeden Tag in eine andere Unterrichtsstunde geschickt, ins Kinderturnen, ins Kreative Malen, in die Geigenstunde und selbstverständlich in die Vorschule. Als er eines Tages von der Geigenstunde heimkam, ging er nicht ins Haus, sondern in den Garten, wo er auf den zu Besuch weilenden Großvater traf. »Na, wie war's in der Geigenstunde?« empfing ihn dieser erwartungsvoll. »Ach, Scheiße, hat man denn nicht einmal im Garten seine Ruhe und wird auch hier nach der Stunde gefragt!« war die den Opa verblüffende Antwort.

Beide Geschichten – herausgegriffene Beispiele – zeigen nur zu deutlich, daß bereits eingetreten ist, was schon lange zu befürchten war: Das Leistungsdenken, der Druck der Leistungserwartung und die Angst, »den Anschluß zu verlieren«, hat dank des Numerus clausus inzwischen durchgeschlagen bis ins Kindergartenalter.

»Herr Professor, was kann man tun, daß mein Kind den Numerus clausus schafft!?« fragte händeringend die Mutter eines zehnjährigen Jungen in meiner Sprechstunde, notabene eines Jungen mit Zeugnisnoten nur zwischen Eins und Zwei. In dieser Sprechstunde, wie in der fast aller Kinderpsychiater, ist jedes dritte, oft fast jedes zweite Kind ein Schulsorgenkind. Schon dadurch, daß sich die Eltern um die Schule ihrer Kinder Sorgen machen, wird diese Schule für die Kinder zur Belastung. Die Schule ist zum führenden pathogenen Faktor bei der Entstehung kindlicher Verhaltensstörungen geworden, zumindest zum Kristallisationspunkt. Die Symptome reichen von Konzentrationsschwäche, motorischer Unruhe, Schlaf- und Eßstörung über trotzige Auflehnung und Protest – der leider seltener geworden ist – zu chronischer Verstimmung, ernsten Depressionen, Drogenabhängigkeit bis zu Selbstmordversuch und Selbstmord. Diese letzten Reaktionen sind häufiger geworden. Das heißt, immer mehr Kinder und Jugendliche resignieren, geben auf und steigen aus. Auch wenn sie, wie glücklicherweise die meisten, nicht fixen oder sich umbringen, so gehen sie doch nach 10, 13 oder gar 15 Jahren Schule mit der festgefügten Erfahrung ins Leben, Versager zu sein, nicht das leisten zu können, was von ihnen eigentlich erwartet wird. Die Kompensationsmöglichkeit für solche Erfahrung ist mannigfaltig: selten die Auflehnung, meist die Überanpassung, die Subalternität, die später hinter dem Schalter hervor die Mitmenschen piesackt und sich von der noch so kurzen hierarchischen Berufsleiter aus an den Kollegen rächt. Auf jeden Fall werden daraus keine glücklichen, selbständigen, selbstbewußten und schöpferischen, ja auch keine wirklich liebesfähigen Menschen mit sozialer Ausstrahlungskraft.

Man komme nun nicht mit Gegenbeispielen! Es gibt natürlich Elternhäuser, die diesen Dauerstress auszugleichen vermögen, und es gibt natürlich hochbegabte Kinder, die in unserem Schul- und Bildungssystem auf den Wogen guter Zeugnisse und Belobigungen wohlbehalten an den Strand des unerschütterlichen Selbstgefühls und schließlich in den Hafen sozial gesicherter Karriere getragen werden. Das ist die kleine Minderheit und Elite mit einer zufällig auf unser Schulsystem passenden Intelligenzstruktur – die nichts mit Begabung zu tun zu haben braucht; die diesen Weg auf Kosten der Deprimierten und Enttäuschten unangefochten gehen kann.

Aber ist es nicht immer so gewesen, daß eben nur die Gescheitesten zum Erfolg kommen? Ist nicht Auslese in der Leistungsgesellschaft unumgänglich? Sollen denn die Dummen studieren dürfen?

In solchen Antworten zeigt sich, daß der Bildungsbegriff noch immer ganz auf die verbalen und reproduktiven Fähigkeiten beschränkt ist. Begabt ist, wer sich in Geschichte auskennt, die Orthographie beherrscht, ein gutes auditives Gedächtnis hat und die englische Grammatik beherrscht, auch wenn er sich damit nicht getraut, vor der Victoria Station in London ein Taxi zu rufen. Daß die Fähigkeit zur Raumerfassung, zur visuellen Aufnahme und Wiedergabe, die Fähigkeit, diese Vorstellungen zu gestalten, die Fähigkeit zur sozialen Ausstrahlung und zum Kontakt und Mitempfinden, die technische Begabung auch dazu gehören, das übersieht man, auch in den Kultusministerien. Man übersieht aber auch, daß unser wirtschaftlicher Aufstieg, unser Wohlstand und das technische Know-how nicht den Dichtern und Denkern, sondern den visuell und technisch Begabten, den Kreativen und sozial Aktiven zu verdanken ist. Diese haben aber früher eine Lehre gemacht und allenfalls die Oberrealschule durchlaufen. Sie haben dabei früher auch Ansehen und soziale Positionen erreichen können. Heute ist das leider nicht mehr möglich – oder nur wesentlich mühevoller –, denn auch für die Aufnahme in das Kindergärtnerinnenseminar – pardon! die sozialpädagogische Fachschule – wird das Abitur und damit einwandfreie Orthographie gefordert, und auch die Kunstakademien beurteilen ihre Bewerber danach, ob diese über ihre eigenen Probearbeiten auch klug reflektieren und gute Aufsätze schreiben können!

Ich kenne Söhne hervorragender Ingenieure und Chirurgen mit der gleichen schöpferischen, motorisch-visuellen Begabung wie ihre Väter, die heute in der Realschule hängenbleiben und nicht mehr die Chance ihrer Väter haben, weil sie Legastheniker sind und darum keine Numerus-clausus-Note im Abitur mehr erreichen, das ihre Väter noch mit Hängen und Würgen hinter sich brachten – und dann vergessen konnten.

Diese fehlerhafte und gar nicht an den später tatsächlich notwendigen Fähigkeiten orientierte Auslese wäre noch nicht das Schlimmste, wenn sie nicht – wie gezeigt – bis ins frühe Schulalter bei den Kindern und ihren Eltern die blendende und alles überstrahlende Zielvorstellung des guten Abiturs aufbauen würde, die alle mit magischer Kraft anzieht und den Blick für andere, angemessenere und letztlich erfolgreichere Bildungswege versperrt, die die Kinder ohne Schaden an der Seele hinter sich bringen könnten. Alle Welt – auch die ganze bildungsaktivierte Bevölkerung – wird rücksichtslos in die enge Einbahnstraße fast ausschließlich verbaler Bildung getrieben, tritt sich dort auf die Füße und kommt heraus, wo sie nicht will und wo sie nicht gebraucht wird.

Dabei ist Intelligenz etwas ganz anderes: Nur 10% aller Schulversager scheitern an einer zu geringen, dem gewählten Schultyp nicht entsprechenden Intelligenz, 90% scheitern nicht wegen mangelnder, sondern trotz guter Intelligenz. Das haben wir schon vor Jahren nachweisen können. Die Frage, ob ein Kind in der Schule Erfolg hat und sie bewältigt, ist schon lange keine Frage der Intelligenz mehr, sondern der seelischen Robustheit und des emotionellen Rückhaltes, den das Kind in seinem Elternhaus findet. Die Schule aber ist für die meisten zum Mißerfolgsinstitut geworden.

Das ist kein Problem allein unserer westlichen Gesellschaft. Vor etlichen Jahren fand in Sofia eine Tagung der Vereinigung der Kinderpsychiater sozialistischer Länder statt mit dem Tagungsthema: Kind und Schule. Man hätte alle Referate aus Moskau, Warschau und Budapest unverändert auf unsere Situation beziehen können. Mein Fachkollege Göllnitz hat in Rostock durch Untersuchungen festgestellt, daß 42% der Eltern mit den Noten ihrer Kinder nicht zufrieden waren, und selbst etwa 20% waren noch unzufrieden, obwohl die Kinder eine Zwei oder bessere Noten hatten. Es ist offenbar ein Problem jeder modernen Industriegesellschaft.

Zu seiner Bewältigung ist es jedoch nicht damit getan, an kleinen Symptomen zu kurieren. Es geht dabei nicht um Ganzheitsmethode oder Mengenlehre – die übrigens die visuell Begabten besser verstehen als die verbal Begabten –, auch wenn sich manche Ärztegremien mit mehr Eifer als Sachverstand dagegen verkämpfen. Nicht die Didaktik schädigt Kinder, sondern die fehlende Pädagogik. Methoden werden nur pathogen, wenn sie von auf Leistung drängenden Lehrern ohne genügende Ausbildung halbherzig praktiziert werden. Es geht auch nicht um fünf oder sechs Stunden am Vormittag, schon eher um 40 oder 20 Kinder in einer Schulklasse.

Es geht vielmehr um die unvermeidbare frühere Spezialisierung nach unterschiedlichen Begabungen – und zwar qualitativ, nicht quantitativ unterschiedlicher Begabungen – und gleicher Bewertung der Sozialchancen für verbale und nichtverbale Fähigkeit, also neben dem Abitur für den Theologen das anders geartete Abitur für den Installateur. Das braucht aber Zeit, und so lange können wir nicht warten, wenn wir nicht die Generation unserer Kinder seelisch vor die Hunde gehen lassen wollen.

Wir brauchen eine rasche Lösung, die praktikabel ist und möglichst wenig kostet.

Hier ein Vorschlag:

1. Die Reifeprüfung wird nach der 12. Klasse abgelegt und nur als »bestanden« oder »nicht bestan-

den« gewertet. Keine weiterführende Bildungsein-
richtung kann dann mehr ihre Auswahl nur nach der
Abiturnote treffen.

2. An Stelle der 13. Klasse treten für die Hoch-
schulbewerber zwei Vorsemester, während welchen
diese streng nach den für das gewählte Studium spezifischen Bedürfnissen ausgewählt werden.

3. Die weiterführende Ausbildung wird mit Prak-
tika angereichert, durch die die jungen Leute frühzeitiger eine konkrete Vorstellung von ihrem künfti-
gen Beruf bekommen.

Eine solche Lösung könnte und müßte verhindern, daß der zur Zeit wohl unvermeidbare Numerus clausus bis zur Grundschule, bis zum Kindergarten durchschlägt und unsere Kinder zu emotionellen
Krüppeln macht.

Nur müßten sich die Kultusminister der Länder
endlich auf eine solche oder ähnliche Lösung einigen,
und zwar schnell!

Gerade die Sensiblen bleiben auf der Strecke

Um es vorwegzunehmen: Die Jugend – sofern es so etwas gibt – ist nicht schlechter, nicht weniger gesund, nicht psychisch abnormer als in früheren Jahrzehnten. Im Gegenteil: Ich habe den Eindruck, daß die Jugend heute in vieler Beziehung reifer, kritischer, selbständiger, aber auch idealistischer ist, als wir das zur Zeit unserer Jugend gewesen sind. Der Bezug der Jugend zur Umwelt ist jedoch anders geworden. Diese stellt andere, neuere, höhere Forderungen, sie läßt aber auch mehr Spielraum, mehr Freiheit und bringt daher für viele Unsicherheit. Trotzdem wird – auch das muß gesagt sein – der größte Teil der Jugend mit dieser Umwelt fertig, meist dadurch, daß sie sich ihr anpaßt, selten dadurch, daß sie kritisch einen eigenen Weg geht oder die äußere Anpassung nur mit inneren Vorbehalten vollzieht.

Es ist nur ein kleiner Teil, der tatsächlich scheitert. Dieser Teil mag vielleicht etwas größer sein als früher, er ist allemal ein Seismograph, der die Probleme der ganzen Jugend vergrößernd deutlich macht. Ein nicht so kleiner Teil jedoch wird durch die veränderten Umweltforderungen angeschlagen, in seiner psychischen Gesundheit getroffen und beeinträchtigt, so daß er psychisch krank oder wenigstens krankheitsanfällig wird und sich schließlich nur deshalb anpaßt, weil er die Kraft und das Selbstvertrauen zur verbessernden Veränderung seiner Umwelt verloren hat. Diese Jugendlichen werden einmal das große Heer der zwar sozial Eingegliederten, aber psychisch Unzufriedenen und Gestörten, der angepaßten Neurotiker, stellen.

Mit diesen neurotischen Menschen, die sich zwar angepaßt haben, aber unter dieser Anpassung leiden, hat es der Psychiater zu tun, und der Kinder- und Jugendpsychiater kann in seiner Sprechstunde und Klinik beobachten, wie dieser resignierte, unoriginelle, wenig belastungsfähige, rasch enttäuschte und schließlich in die Masse, mit der er sich aber nicht identifizieren kann, eintauchende Mensch entsteht.

Zunächst will ich kurz von zwei Untersuchungen berichten, die scheinbar nichts miteinander zu tun haben, die jedoch am ehesten die Probleme erhellen, die den Jugendlichen gestellt sind und die sie manchmal nicht bewältigen. Wir haben untersucht, was später einmal aus jugendlichen Dieben wird. Der Diebstahl ist ein so häufiges Vergehen und reicht vom kindlichen Naschen, das noch nichts Böses an sich zu haben scheint, bis zum vorbereiteten Einbruchsdiebstahl, dessen krimineller Gehalt offenkundig ist. Die Frage war, ob es Kriterien gibt, die nach einem solchen leichten oder schwereren Eigentumsvergehen Aussagen über die Prognose machen können.

Ist das Wegnehmen von wenig Kleingeld zur Aufbesserung des Taschengeldes eine harmlose kindliche Handlung oder der Beginn einer kriminellen Laufbahn?

Es fanden sich dabei einige mehr oder weniger aussagekräftige Faktoren. Bedeutsam scheint hier allerdings ein Befund zu sein, nach dem die soziale Situation der elterlichen Familie weniger prognostische Bedeutung hat als die häusliche Atmosphäre. Wenn die Eltern sich beschimpfen, so ist das verhängnisvoller für die soziale Entwicklung des Kindes, als wenn die Eltern wenig verdienen. Dabei kann natürlich zwischen diesen beiden Alternativen ein innerer Zusammenhang bestehen, jedoch nicht unbedingt.

Die zweite Untersuchung sollte die auffallende Zunahme der Schulprobleme in der kinder- und jugendpsychiatrischen Sprechstunde erklären. Ihr Umfang hat sich in den letzten zehn Jahren vervierfacht und steigt noch immer. Praktisch jedes dritte Kind wird wegen Schulleistungsfragen zum Kinderpsychiater gebracht. Daß dies kein lokales Problem ist, zeigte ein Vergleich mit einer ähnlichen kinderpsychiatrischen Einrichtung an einer anderen Universität. Als Ursache des Schulversagens fanden sich dabei kaum Dummheit oder allgemeine Überforderung, sondern die feinen, kaum beachteten Folgen leichtgradiger frühkindlich erworbener hirnorganisch bedingter Schwäche in einzelnen Teilleistungen.

Viele im Durchschnitt normale, ja auch übernormale und hochbegabte Menschen leiden an einer Teilleistungsschwäche, an der relativ geringeren Fähigkeit, etwa Gehörtes in seinem Bedeutungsgehalt zu erfassen, Bekanntem zuzuordnen oder sprachlich zu reproduzieren oder das, was sie sehen, rasch und sicher in seiner spezifischen und bedeutungsvollen Struktur zu erkennen, zu ordnen, zu behalten oder zu reproduzieren. In allen anderen Fähigkeiten können sie gut leistungsfähig und begabt sein.

Was haben nun diese Befunde mit der Situation unserer Jugend heute zu tun? Das läßt sich rasch zusammenfassen: Wo streitende Eltern – da keine Identifikationsfähigkeit –, wo keine Identifikationsfähigkeit – da Unsicherheit, Haltlosigkeit und Angst.

Oder: Wo Überforderung und Fehlbewertung – da Enttäuschung und Resignation, Ablehnung, Außenseitertum, Unsicherheit und Angst. Angst kann aber auf die Dauer nicht ertragen werden. Sie drängt auf Beseitigung, entweder durch Flucht oder durch Aggression, entweder durch Ausweichen in die Passivität und Irrealität, zum Gammler oder zur Droge oder zur Aggressivität, zur Kriminalität und zum Rockertum.

Aber was besagt das? Streitende Eltern und dumme Schüler hat es schon immer gegeben. Das ist kein Kennzeichen der heutigen Situation der Jugend. Also etwas genauer: Ein Jugendlicher braucht zu seiner gesunden psychischen Entwicklung die Identifikationsmöglichkeit.

Heute nimmt die Jugend an den unterschiedlichsten Lebensformen teil. Durch Kino, Fernsehen, Zeitungen, Illustrierte hat sie Anteil an fremdem, realem, aber auch an illusionärem Lebensstil. Die Identifikationsobjekte sind zahllos und heterogen, und wenn die Eltern, die zunächst wegen der größeren Nähe und des persönlich taktilen Kontaktes immer die Vorhand haben, als Identifikationsmöglichkeit versagen, bleibt dem Kind eine unübersehbare Auswahl. Diese Auswahl aber bringt Unsicherheit, und Unsicherheit bringt Angst.

Unpassende Identifikationsobjekte wie zum Beispiel Filmhelden, die optisch viel intensiver wirken als die Märchenhelden in gelesenen Romanen, führen zu Enttäuschung und wiederum zur Angst vor neuer Enttäuschung. Manche flüchten zu fernen Idealfiguren, die so fern sind, daß sie nicht mehr enttäuschen können, wie Che Guevara und Mao. Diese Jugendlichen müssen anfällig werden für jedweden

Einfluß. Die Kontaktstörung macht sie bereit zur Kontaktaufnahme mit Gruppen und Subkulturen, die eigene, im besten Fall irreale, im schlechten Fall antisoziale und kriminelle Normen setzen.

Fehlende Identifikationsmöglichkeit und dadurch bedingte Kontaktstörung führen zur Isolierung. Der Weg aus dieser Isolierung heraus ist die Droge oder der Fanatismus, wobei sich mangels anderer Möglichkeit der Jugendliche mit einer Idee identifiziert, oder bestenfalls die Entwicklung zum »angepaßten Neurotiker«.

Jedes Kind, jeder Jugendliche braucht zur Entfaltung seiner geistigen und intellektuellen Leistungsfähigkeit den Erfolg, und zwar vom Säuglingsalter an. Kinder jedoch, die an der eingangs beschriebenen Teilleistungsschwäche leiden, neigen trotz sonst guter Begabung zum Versagen, zum Teil schon im Kindergarten, meist erst in der Schule, vielfach erst im Gymnasium, einfach weil ihre spezielle Begabungsstruktur nicht in das enge Bett der von unserem Ausbildungssystem vorgezeichneten Begabungsform hineinpassen will. Dabei entspricht diese geforderte normierte Begabungskonstellation in ihrer fast ausschließlich reproduktiven und rezeptiven Art gar nicht der in der späteren Lebensbewährung geforderten Begabung und Fähigkeit.

Paradoxerweise wird aber für einen sozialen Aufstieg viel mehr als früher Anpassung an diese normierte Schulbegabung dadurch erzwungen, daß immer mehr Berufe nicht nur mittlere Reife, sondern auch Abitur zur Voraussetzung haben. Der Weg zu immer mehr spezialisierten Berufen führt durch einen immer längeren Tunnel einseitiger Ausbildung. Das wäre noch nicht das Schlimmste: Schlimmer noch ist das Unverständnis der Eltern, Kindergärtnerinnen und Lehrer für diese umschriebenen Teilleistungsschwächen. Sie sehen nur das Versagen, die fehlende Einordnung, die schlechte Schrift, die vielen Fehler im Diktat, die oft wechselnden Leistungen. Sie werten das Kind ab, sagen, es sei faul, es gebe sich keine Mühe, es sei dumm und zu nichts zu gebrauchen.

Später stimmen dann diese Vorwürfe, weil das Kind, der Schüler resigniert hat, sich selbst nichts mehr zutraut, nicht mehr will und kein Interesse am weiteren Versagen hat. Diese Fehlbeurteilung führt zur Isolierung, zur Feindschaft zur Umwelt, zur Neurose, zur Angst. Und aus dieser Angst entsteht wiederum Flucht oder Aggression.

Dazu kommt, daß die Ausbildungswege zur sozialen Selbständigkeit immer länger werden. Noch vor 50 Jahren waren die akademischen Jugendlichen mit 20 Jahren Referendare mit konkretem Berufsbild oder in anderer Berufstätigkeit, heute haben viele mit 20 Jahren noch nicht das Abitur, das ihnen weniger versprechen kann als je zuvor.

Wen wundert es, daß gerade die Sensiblen, die von Haus aus Differenzierten und Ängstlichen, keineswegs die Schlechtesten, sondern die Originellen und Schöpferischen unter den Jugendlichen auf der Strecke bleiben.

Diese Analyse fordert zu einigen Vorschlägen heraus:

Hilfe kann in der frühzeitigen Erkennung und gezielten Therapie von Teilleistungsschwächen bestehen, in einer frühzeitigen Spezialisierung in die unterschiedlichsten Begabungsrichtungen, in der Ermöglichung frühzeitiger sozialer und damit auch sexueller Selbständigkeit mittels Studiengehalt oder -darlehen. Der notwendigen frühzeitigen Spezialisierung im Beruf müssen großzügige Weiterbildungsmöglichkeiten während des Berufes entsprechen zur Vermeidung zusätzlicher Isolierung.

Aber auch die Erziehung in der Familie, die ja unter den zahllosen Einflüssen schwieriger geworden ist, bedarf der Hilfe durch Einführung der Erziehung als Unterrichtsfach schon vor der Ehe, also in der Schule. Es wird zwar nicht einfach sein, die Erzieher zur Erziehung zu finden. Solche Wege sind jedoch notwendig, um die Jugend nicht einer Unsicherheit und Angst preiszugeben, an der ein Teil von ihr scheitern könnte.

Wir lassen in einer technisierten, hochmodernen Welt und pluralistischen Gesellschaft unsere Jugend aufwachsen in der Familie von gestern und bilden sie aus mit dem Schul- und Bildungssystem von vorgestern, das man weder quantitativ noch vor allem qualitativ angepaßt hat. Dennoch meine ich, wie gesagt, daß die heutige Jugend im ganzen reifer ist, als meine Generation im gleichen Alter war. Es gilt jedoch, das Scheitern der wenigen zu analysieren und als Fingerzeig für die Probleme der ganzen Jugend zu beachten.

Sei ein bißchen strenger mit mir!

Die Mutter gab mir das Blatt Papier, eine herausgerissene, etwas zerknüllte Heftseite. Mit kindlicher, etwas krakeliger Schrift stand da:

»Liebes Mucki. Wenn du jetzt den Brief liest, sage nichts mehr davon, sondern tu so, als hättest du ihn nie gesehen. Ich bemühe mich soooo in der Schule und möchte auch nicht durchfallen. Ich habe immer so 'ne Angst, daß ich nicht durchkomme, und dann kann ich nichts mehr ohne die Angst machen. Also sei ein bißchen strenger (nur ein bißchen), und rede nichts mehr von dem Brief. Wolfi.«

Etwa zehn Jahre alt ist der Junge, der hier von seiner Angst schreibt. Das wäre schon schlimm genug, wo doch Schule ein Ort sein sollte, wo die Kinder lernen und ihre eigene Leistungsfähigkeit erfahren sollten. Lernen und Leistung werden aber durch Angst verhindert. Was aber noch schlimmer ist als das Eingeständnis des Jungen von eigener Angst und Unfähigkeit, ist die Bitte, man möge doch strenger zu ihm sein. Ein Kind, das zwar seinem Versagen hilflos gegenübersteht, aber dabei die Schuld nur bei sich selbst sieht.

Das ist schlimm, nicht weil frühe Selbstkritik etwas Negatives wäre – sie ist nur unkindlich –, sondern weil es für dieses Kind schon zur selbstverständlichen Erfahrung geworden ist, daß es in der Schule scheitert, daß es das, was von ihm erwartet wird, nicht erfüllen kann, und es gar nicht mehr als möglich erörtert, daß auch die Schule, auch die Eltern mit ihren Erwartungen an diesem Scheitern schuld haben könnten. Wolfi hat – wie man hochtrabend wissenschaftlich formuliert – die Anforderungen der Gesellschaft internalisiert, sie zu seinen eigenen Anforderungen an sich selbst gemacht.

Dies ist etwas, was wir in der kinderpsychiatrischen Sprechstunde bei Schulproblemen, bei Schulversagen und Schulangst immer regelmäßiger beobachten können: Kinder haben nach einer verpatzten Klassenarbeit, nach einem schlechten Zeugnis keine Angst mehr vor den Eltern, daß diese strafen oder schimpfen oder auch nur vorwurfsvoll sein könnten. Die Kinder haben Angst, an sich selbst gestellte Erwartungen nicht mehr erfüllen zu können. Offenbar haben immer mehr Eltern gelernt, daß es zu nichts führt, wenn man den Kindern ihr Versagen in der Schule immer wieder vorhält, wenn man ihnen vorwirft, was sie sich selbst schon zum Vorwurf machen.

Man könnte über diese Internalisierung der Ansprüche pädagogisch sehr befriedigt sein. Es ist ja das

Ziel jeder Erziehung, daß allgemeine Verhaltensnormen – also auch Leistungsnormen – von den zu Erziehenden selbst übernommen werden, als eigener Gewissensanspruch. Wie glücklich die Erziehung, der das gelingt! Und wie bequem: Man muß die Kinder gar nicht mehr ermahnen, auffordern und anspornen, sie laufen schon von allein, wohin und wie schnell sie sollen.

So wäre alles gut, wenn die Erwartungen und die Normen so dosiert wären, daß die Kinder auch noch eine Chance hätten, sie wenigstens in der Regel zu erfüllen. Wenn aber diese Normen der eigenen Fähigkeit davoneilen und trotzdem als gültiger Maßstab akzeptiert werden, als sei der Maßstab ein Wert an sich, obwohl doch dieser Wert mit menschlichen Qualitäten nichts und mit der späteren sozialen Bewährung nur wenig zu tun hat – wenn die Kinder also gezwungen sind, sich stets ihren eigenen Unwert zu beweisen, und die Schuld nicht an andere weitergeben können, dann ist das so, als ob einer auf einen Baum klettert und die Äste hinter sich abbricht.

Diese Kinder leben in Angst, und diese Angst verbindet sich fest mit der Erfahrung, die man mit seiner eigenen Leistung macht. Sie werden leistungsängstlich, und da unsere Gesellschaft sich stolz als Leistungsgesellschaft bezeichnet, bekommen sie Angst vor dieser Gesellschaft, vor dem Leben. Wen wundert es, wenn viele leistungsunfähig, leistungsunwillig werden und sich schließlich gegen diese Gesellschaft wenden.

Die Ablehnung ist um so verständlicher, als die Gesellschaft immer mehr ihre Anerkennung und den sozialen Status von ebendiesen Leistungsnachweisen abhängig macht, die man als Kind und auch später noch zu erbringen oft nicht mehr in der Lage war. Zur Enttäuschung über sich selbst und zu der dadurch bedingten Angst tritt immer mehr die Angst vor dem Leben an sich.

Die Angst kommt natürlich nicht von der Schule allein. Sie ist aber dort besonders verhängnisvoll und wäre dort auch so leicht zu beseitigen, ja sie muß dort beseitigt werden, wenn die Schule ihre eigentliche Aufgabe erfüllen will.

Eibl-Eibesfeldt hat gezeigt, daß die Angst zu einer besonders starken sozialen Bindung führt. Der Schrecken, so sagt er, ist das Instrument des Tyrannen. Und so entsteht der schlimme Verdacht, daß manche gar nicht daran interessiert sind, die Angst aus der Schule zu verbannen. Sie erleichtert die Disziplinierung und die Auslese, sei sie nun sinnvoll und nötig oder nicht.

Mit Angst kann man aber nicht ständig und auf Dauer leben. Man kann versuchen, sie zu bewältigen, wie auch jedes Tier versucht, seine Angst zu bewältigen, entweder durch Flucht oder durch Angriff. Solange das Tier aus der bedrohlichen Situation noch fliehen kann, wird es sich abwenden – der Mensch wird sich zurückziehen, resignieren, in eine Scheinwelt flüchten und dazu gegebenenfalls Alkohol trinken. Ist die Gefahr jedoch so nahe und konkret, daß man ihr nicht mehr ausweichen zu können meint, dann wird das Tier zum Gegenangriff übergehen, und der Mensch wird sich auflehnen, sabotieren, demonstrieren und vielleicht tätlich werden. Und diese Aggressivität ist viel ernster, gefährlicher und härter als diejenige, die aus Übermut und Freude am Kräftemessen entspringt.

So könnte aus der Angst des kleinen Jungen in der Schule leicht die große Angst vieler Jugendlicher werden, vor dem Leben, vor dem, was auf sie zukommt. Nur ist diese Angst so unbestimmt, weil die Bedrohung so schwer zu fassen ist. Es geht ja noch allen Jugendlichen gut, keiner ist in seiner Existenz bedroht, und auch die drohende Arbeitslosigkeit wird zunächst zu keiner unmittelbaren Not führen. Die Bedrohung kommt lautlos, gewissermaßen auf Teppichböden, und die Bedrohten sind in Watte gepackt, aber gerade deswegen wehrlos. Denn die politischen und ökonomischen Entscheidungen im Land werden von irgend jemand gesteuert – ob die Steuerung die beste ist oder noch besser sein könnte, wer weiß das? –, und die erlaubten Möglichkeiten einzugreifen sind so kompliziert, der Gesetzgebungsapparat so schwerfällig, und außerdem haben noch viele Jugendliche den Eindruck, daß gar niemand ernstlich willens ist, den Apparat in Gang zu setzen. Auch das Gefühl der Hilflosigkeit aber führt zur Angst. So brauchen sie der Bedrohung nicht zu entfliehen, denn sie wissen noch gar nicht, wie nahe oder fern die Gefahr ist. Aber sie werden aggressiv werden, wenn sie plötzlich der Gefahr gegenüberstehen und ihr nicht mehr ausweichen können.

Es wäre wohl gut, wir würden helfen, die Angst zu mildern – nicht nur bei den Jugendlichen, die nicht wissen, wohin ihr beruflicher und gesellschaftlicher Weg gehen soll –, und wir würden nicht schon die Kinder um die Möglichkeit bringen, sich mit dem dazu nötigen Selbstgefühl und der Leistungsfreude später einmal gegen eine Bedrohung zu wehren.

Schulstress – Modethema
oder kollektives Leidenssyndrom?

Die Kinderpsychiater, aber auch die Kinderärzte und praktischen Ärzte stellen bei immer mehr Kindern im Zusammenhang mit der Schule Angst, vegetative Störungen, Versagen trotz zweifelloser Begabung, aber auch daraus resultierende Beziehungsstörungen zwischen Kind und Eltern fest. Darüber hinaus wird immer häufiger von Verhaltensweisen bei Schülern berichtet, die auf einen rigorosen Konkurrenzkampf hinweisen, nämlich unsoziales Verhalten wie Verweigerung der Hilfe gegenüber schwachen Schülern. Die guten Schüler lassen nicht mehr abschreiben, und schon Vorschulkinder begehren Zeugniseinstufung und beurteilen sich gegenseitig in ihrem Wert danach. Dies sind beängstigende Zeichen, nicht nur für die körperliche, sondern mehr noch für die psychische und soziale Gesundheit.

Wäre das nicht dadurch leicht zu korrigieren, daß man die Eltern veranlaßte, die Schule ihren Kindern gegenüber nicht so überzubewerten und ihre Elternliebe nicht gewissermaßen von der Schulleistung abhängig zu machen? Die Eltern können sich aber der allgemeinen Hysterie nicht entziehen, wenn von der Schulnote Ausbildungschance, Berufsmöglichkeit, Laufbahn und sozialer Status tatsächlich immer mehr abhängen. Auch haben viele Schüler die gestiegenen Ansprüche internalisiert, und beruhigender Zuspruch der Eltern – wenn sie dazu in der Lage wären – hätte keine Wirkung.

Natürlich könnten die Lehrer und die Schule die Situation mildern – und viele tun es tatsächlich –, indem sie für sich selbst den Wert der Noten relativieren, die ewig versagenden Schüler trösten und sie wenigstens menschlich bestätigen und die Klasse als Gruppe zur gemeinsamen Verantwortung und gegenseitigen Hilfe veranlassen. Aber auch sie stehen zwischen ihrem Auftrag und der Leistungsforderung vieler Eltern und der guten Schüler, die ihren sozialen Erfolg um jeden Preis durchsetzen wollen.

Die Kultusministerien könnten – wenn sie sich unter sich einigten und die Einsicht aufbrächten – durch eine rasche Entscheidung die unteren Klassen, bis zur 7. oder 8. Klasse, vom offenbar unvermeidlichen Numerus-clausus-Druck entlasten, indem sie zum Beispiel die Notengebung bis zu diesem Zeitpunkt aussetzen würden. Das ist keine Utopie, es gibt Schulen, die das mit Erfolg praktizieren, und Auslese kann auch erfolgen, indem man Schwächen gezielt fördert und nicht nur beziffert und mit Sanktionen belegt. Man könnte auch ein unbenotetes Abitur – wenn man schon meint, nicht auf eine Prüfung verzichten zu können – nach der 12. Klasse abhalten, das nur über »bestanden« oder »nicht bestanden« Auskunft gibt, und die 13. Klasse als Vorstudium zur Leistungsprüfung und Auslese für die Studienfächer benutzen, die nicht grundsätzlich vom Numerus clausus befreit werden können. Der Leistungsdruck, der echte Leistung eher verhindert, wäre damit mit allen seinen negativen Formen, von den vor der 12. Klasse liegenden Schulklassen abgeschirmt, in der 13. Klasse kann er aber in befristeter Weise durchaus zugemutet werden.

Aber auch die Behörden unterliegen den verhängnisvollen Zwängen der gesellschaftlichen Verhältnisse, in die man hineingeschlittert ist: starke Schülerjahrgänge, Berechtigungswesen, Laufbahnprinzip, die Utopie von der absoluten Gerechtigkeit und Justitiabilität des Schulwesens, nicht zuletzt eine zunehmende Theoretisierung der Berufsausbildung und die Entfremdung zwischen Ausbildung und Beruf. Dies wiederum hat seinen Grund in einem traditionellen, aber völlig unhaltbaren Bildungsbegriff, der einseitig nur die verbalen, reproduktiven Fähigkeiten als Maßstab gelten läßt.

Es geht daher auf die Dauer nicht ohne Abkehr von dem Pseudoideal der Allgemeinbildung und nicht ohne die Einrichtung qualitativ verschiedener, aber gleichberechtigter Abschlüsse – zum Beispiel

nur noch fachgebundene Hochschulreifen zu verge-
ben, die allenfalls durch bestimmte Leistungsnach-
weise zum Übergang offengehalten werden können.
Wer nichts anderes kann als tanzen, sollte gewissermaßen ein Abitur im Tanzen machen können. Die
Ausbildung muß wieder mehr berufsbegleitend und
berufsbezogen werden, damit sich die Jugendlichen
frühzeitig mit ihrem Beruf und der Erwachsenen-
rolle identifizieren können und nicht erst mit diesen
konfrontiert werden, wenn sie merken, daß sie zwar
nicht dafür taugen, aber nun auch nichts mehr daran
ändern können.

Klagen über Schülerüberforderung gab es schon in
der Mitte des 19. Jahrhunderts, als Psychiater vom
»Wahnsinn der Schüler« sprachen, den die damalige
Schulanforderung hervorrufe. Immer wenn ein über-
kommenes und veraltetes Schulsystem veränderten
Bedürfnissen nicht mehr angemessen ist, kommt es
zu einer Überforderung der Kinder durch unphysio-
logische Ansprüche und zu einer Dissoziation zwischen Ausbildungsweg und Ausbildungsziel. Auch
aus den sozialistischen Staaten Europas berichten die
Kinderpsychiater von Schulproblemen durch Überforderung. Der Schulstress ist daher kein Modethema – wenn er auch von einigen unkritisch ausgenutzt
und dazu gemacht wird –, sondern ein kollektives
Leidenssyndrom moderner Industriestaaten.

Nicht für die Schule,
für das Leben lernen wir

Non scholae, sed vitae discimus. Wir lernen nicht für die Schule, sondern für das Leben. Jedem, der einmal Latein gelernt hat, wurde dieser Satz eingeimpft als klassische Lebensweisheit, geeignet, dem ermüdeten Schüler, der unregelmäßige Verben büffelte oder auch über auswendig zu lernenden Geschichtszahlen oder der Abstraktion einer Differentialgleichung brütete, die ketzerische Frage: »Wozu das alles?« im Mund erstarren zu lassen. Wozu er das lernt? »Ach du unreifer Mensch! Für dein Leben natürlich! Ohne diese Kostbarkeiten der Bildung könntest du später nicht bestehen, wenn du im Lebenskampf deinen Mann stehen mußt.« Ja, man hat das als Schüler sogar halb geglaubt, denn es ist ja auch so einleuchtend: Die Schule als Stätte der Vorbereitung zum Leben als Erwachsener, als Ort, an welchem dem heranwachsenden Kind die Kenntnisse und die Fähigkeiten vermittelt werden, die es benötigt, um in Familie und Beruf zu bestehen. Außerdem stammt der Satz ja angeblich von einem alten Lateiner, von Seneca, einem römischen Philosophen,

und was diese gesagt haben und was von ihnen über-
liefert wurde, hat sich doch wohl in zweitausend Jahren bewährt.

Die Zweifel des Schülers wären aber zweifellos gewachsen, ja er wäre vom Gegenteil überzeugt worden, wenn er gewußt hätte, daß Seneca, der römische
Philosoph, gerade das Gegenteil gesagt hat: Non vitae, sed scholae discimus.

Nicht für das Leben, für die Schule lernen wir. In
seinem 106. Brief an Lucian klagt Seneca darüber,
daß das, was die Jugend in der Schule lerne, Spiele-
rei sei und wertlos, vor allem aber die Schüler nicht
besser mache, sie nicht zu guten Menschen erziehe.
Seneca war übrigens nicht nur Philosoph, sondern
auch ein aufgeschlossener, der Realität verbundener
Weltmann und Staatsmann. Seine Feststellung und
Klage entsprang deshalb wohl kaum dem welt-
schmerzlichen Pessimismus des Alters, der die moderne Jugend nicht mehr versteht und den Reformen
des Bildungswesens nicht mehr folgen kann. Er war
Satiriker und hat die Schwächen aufgespürt, wo er
ihnen begegnete, auch in der Schulbildung vor zweitausend Jahren.

Nun, das ist schon lange her, das kann ja wohl nach
so vielen Revolutionen des Geisteslebens und des
Bildungswesens doch nicht mehr stimmen, und so
hat wohl ein aufrechter Schulmann irgendwann einmal an diesem Satz gedreht. Weil nicht sein kann,

was nicht sein darf, wendete er den Satz so, wie er heute noch in Lateinbüchern zu lesen ist. Der Schulmann ging von der richtigen Erkenntnis aus, daß Satire meist nicht verstanden wird und daß der Lateinschüler kaum je die goldenen Worte des Übungsbuches im Urtext nachkontrollieren werde. Wer dieser wackere Schulmann war und wann das gewesen ist, wird sich wohl nie klären lassen.

Wie ist es nun aber wirklich: Lernt der Schüler fürs Leben oder für die Schule? Der Stuttgarter Arzt und Psychotherapeut Affemann hat ein Buch veröffentlicht mit dem Titel: ›Lernziel Leben‹, in dem er die Situation auf den einfachen Nenner bringt: »Das meiste, was wir in der Schule lernen, brauchen wir im Leben nicht, und das meiste, was wir im Leben brauchen, lernen wir in der Schule nicht.« Ein hartes Urteil!

Nun wollen wir uns nicht darüber aufhalten, daß wir Geschichtszahlen lernen mußten, die uns später nie mehr zu interessieren brauchten, daß wir die Grammatik einer Sprache büffelten, die wir nur sprechen und nicht nach ihren Sprachgesetzen analysieren wollten, und daß wir mathematische Formeln anzuwenden versuchten, ohne sie je begriffen zu haben und ohne sie außerhalb des Mathematikbuches anwenden zu können. Es würde wohl auch unser Schulmann nicht bestreiten, daß die Vermittlung dieser Kenntnisse nicht das Wesentliche der Schule und des Lehrplanes sei. Dies sei, so wird argumentiert, die Weckung der Fähigkeiten, das Erlernen des logischen Denkens, die Übung des Schlüsseziehens, ja einfach das Lernen des Lernens.

Das wird man nun ehrlicherweise nicht restlos bestreiten. Auch über das zweifellos sehr nützliche Lesen und Schreiben, über das kleine und große Einmaleins mit den Grundrechenarten hinaus hat man so manchen Umgang mit den Fakten erlernt, aber man kann sich des Gefühls nicht erwehren, daß man diese Fähigkeiten auch an konkreterem und gegenwärtigem Material hätte üben können, daß dazu der Zeitaufwand von neun bis zehn, dreizehn oder, mit einigen Wiederholungen, noch mehr Jahren doch zu üppig gewesen ist – ganz abgesehen davon, daß die Schule ja für viele nicht mit dem Abitur aufhört, sondern im Studium fortdauert, das auch nicht gerade vitae docet, d. h. fürs Leben lehrt.

Da dieser Lernstoff, dessen Sinn nicht einzusehen war, den Schüler besonders plagt, könnte, so denkt man, die Schulzeit viel positiver, erfreulicher und anregender sein ohne diesen Sisyphus-Stein, den man um des Steinerollens willen immer wieder emporschiebt, um ihn wieder herunterrollen zu lassen. Auch hat man das bestimmte Gefühl, daß diese Fähigkeiten, die man tatsächlich in der Schule erworben hat, im späteren Erwachsenenleben nur eine kleine Rolle spielen. Wir möchten die moderne

Fremdsprache sprechen, wir haben perfekt die Grammatik gepaukt, aber wenn wir im Ausland auch nur ein Taxi nehmen wollen, versagt vielen die Sprache aus Angst, vom Taxifahrer wie einst vom Lehrer mit vorwurfsvoller Miene korrigiert und schlecht beurteilt zu werden. Wir brauchen manchmal tatsächlich eine mathematische Berechnung. Glücklicherweise gibt es aber dafür Taschenrechner und Tabellen, die von klugen Leuten erfunden und zusammengestellt wurden, und auf der Bildungsreise im Mittelmeer möchte man tatsächlich gern wissen, ob diese Stadt schon zu Zeiten Alexanders des Großen dort gestanden hat. Aber das sagt einem ein guter Fremdenführer, für wenig Geld und viel anschaulicher, und daheim drückt einen das Nichtwissen kaum. Will ich aber einer der klugen Leute werden, die Taschenrechner erfinden und Tabellen zusammenstellen, dann können sich die dafür notwendigen Fähigkeiten nur zum geringsten Teil auf das in der Schule Gelernte stützen.

Vielleicht aber sagen auch andere Schulmänner, es komme gar nicht darauf an, ob alles das, was man in der Schule zu lernen habe, auch später vonnöten sei. Es handle sich um Bildung, die ein Besitz an sich sei, auch wenn sie sich nicht in bare Münze, in Fertigkeit oder Anpassungsfähigkeit umsetzen lasse. Es sei der Blickwinkel des Materialisten und Banausen, der nur nach der unmittelbaren Nützlichkeit des Erlernten frage und das Wissen um die geschichtlichen Zusammenhänge, um die logischen Verbindungen der Mathematik und den Aufbau einer Sprache nicht kenne. Wer so denke, ignoriere die Wurzeln unserer Kultur und trage zu ihrer Vernachlässigung, ja zu ihrem endgültigen Verlust bei. Aber, so müssen wir fragen, haben die Geschichtszahlen, die Deklinationen alter und die grammatischen Regeln neuer Sprachen, die Tabellen der spezifischen Gewichte seltener Elemente und wer weiß nicht was alles nicht eher dazu beigetragen, daß wir die »Wurzeln unserer Kultur« zu hassen gelernt haben und daß für viele Schüler alles, was Bildung heißt, mit der Erinnerung an die Klassenarbeitsqual belastet wird? Erstaunlich genug, daß trotz der Schule so manches an sogenannter Bildung hängengeblieben ist.

Nichts gegen Bildung, und alles für ein weitgreifendes Verständnis, für Einblick und Durchblick, auch in Geschichte, auch im Wissen um die Logarithmik und das binäre System und auch für gelegentliches bohrendes Üben am Einzelfall. Aber alles dagegen, daß dies nur über Detailkenntnisse immer größerer Zahl zu erwerben wäre, alles dagegen, daß man auswendig lernt, wo man nur lernen müßte, wo man es nachschlagen kann.

Ich hatte im Gymnasium einen Lehrer, der uns die Schönheit der klassischen Bildung ohne Qualen und Krampf nahezubringen versuchte. Er las uns stundenlang Homer in der deutschen Übersetzung vor und schikanierte uns nicht mit mühsam buchstabierender Übersetzung. So denke ich heute ohne Groll und mit positiver Erinnerung an diese Zeit und an das, was er uns vermittelte. Er konnte das, weil er sich um keinen Lehrplan kümmerte und weil das Zeugnis damals nicht so wichtig war. Heute wäre eine solche Bildungsvermittlung wohl nicht mehr möglich.

Die Situation ist nicht auf die Schule beschränkt. Heute lernt der Medizinstudent für eine schriftliche Prüfung die Normwerte vieler einzelner Laborergebnisse, die er später im täglichen Ablauf der klinischen Routine auf der Tabelle nachliest und, wenn er sie viermal dort gelesen hat, ohnehin auswendig kann. Statt daß er erfährt und erlebt, wie ein kranker Mensch neben den Tabellen und der Operation auch des Zuspruchs und des Verständnisses bedarf, lernt er eine Unzahl von halb- oder nichtverstandenen Einzelfakten ohne konkreten Bezug zu seinem Beruf, den er doch erlernen sollte und wollte.

Auch an der Universität lernen sie für die Universität und weder für das Leben noch für den Beruf. Und warum? Warum gehe ich als Universitätslehrer nicht schnell daran und lehre für Leben und Beruf? Weil sich kein Student dafür während des Studiums interessieren darf, es sei denn, er hätte reichlich Zeit und Geld. Nein, er muß das Abfragbare lernen, nicht um Arzt zu werden, sondern um das Examen zu bestehen. Die Schüler lernen nicht für das Leben, sondern um das Abschlußzeugnis oder um das Abitur mit einer möglichst niedrigen Ziffer vor und hinter dem Komma zu erwerben.

Die Schule – jeglicher Art – hat nämlich eine Funktion übernommen, die ihr ursprünglich gar nicht zukam. Die Schule soll auslesen und aussortieren, wer was im späteren Leben werden soll und darf. Sie kann nicht mehr Kenntnisse vermitteln, die der junge Mensch im Leben braucht.

Das wäre für sich allein betrachtet noch gar nicht so unsinnig. Der Schüler könnte seine eigene spezielle Begabung kennenlernen, und man könnte ihm sagen, für was er mehr, für was er weniger taugt. Das geht noch an, solange sich wenige Schüler aus vielen Möglichkeiten die passende aussuchen können. Das wird aber problematisch, wenn sich viele um nur wenige Plätze an der Sonne streiten müssen. Dann nämlich soll die Auslese vor allem gerecht sein, die Ergebnisse nachprüfbar. Messen und vergleichen kann man aber nur gelernte Fakten, kaum aber komplexe Fähigkeiten und Begabungen, zumindest nicht in der rationellen Kürze einer einmaligen Prüfung. Deswegen hat sich die Schule auf das Prüfen verlegt und darauf, die Schüler auf die Prüfungen vorzubereiten. Und diese Prüfungen berechtigen, wenn sie bestanden werden, zum nächsten Schritt und so fort, bis sie schließlich zum Beruf berechtigen. Über dieser Aufgabe, die die Schule bereitwillig und eifrig übernommen hat – denn sie wertet die Schule auf –, hat man ganz vergessen zu prüfen, ob das, was man prüft, auch etwas mit dem zu tun hat, was man später können muß. Lernstoff und notwendiges Wissen haben sich so immer weiter auseinanderentwickelt, so weit, daß der Lehrplan nichts vom Leben, das Berufsleben nichts mehr vom Lehrplan weiß. Nur wer gut in Deutsch, Latein, Mathematik, Erdkunde und Religion ist, darf Arzt werden, und wer nicht gut Rechtschreiben kann, darf nicht Ingenieur werden, und wer in Religion nur genügend hat, darf kaum Biologie studieren, aber glücklicherweise noch Theologie. Es ist, als ob man die zukünftigen Omnibusfahrer im Singen und die Bäckerlehrlinge im Seilspringen prüfte. Dabei habe ich mir sagen lassen, daß von meiner Generation, als es noch wenige Bewerber um viele Arbeitsplätze gab, 70% nicht in dem Beruf tätig sind, in dem sie ursprünglich ausgebildet wurden. Bei uns war es also auch ohne diese Prüfungsauswahl gegangen, und die meisten haben offenbar doch noch den für sie passenden Platz gefunden.

Die Zuweisung nach Begabung und Fähigkeit hat aber die Schule noch nie vorgenommen und kann dies heute weniger denn je. Sie versteht unter Bildung und Begabung fast nur die verbalen, d. h. die an die Sprache gebundenen Fähigkeiten, und sie fordert im mer mehr nur noch reproduzierbare und abfragbare Kenntnisse. Es scheitern immer mehr Schüler in der Schule, weil sie andere Begabungsschwerpunkte haben. Es sind heute wohl etwa 20% der Jugendlichen, die trotz guter und ausreichender Begabung in unserem Schulsystem versagen, nur weil ihre Begabung nicht ins Bildungskonzept paßt. Sie verlieren das Selbstbewußtsein und die Möglichkeit, wenigstens noch im Bereich ihrer tatsächlichen Begabung und Fähigkeiten Erfolg zu haben, weil die Schule ihre Auslesefunktion wichtiger nimmt als ihre Bildungsfunktion. Es kommt nicht von ungefähr, daß unter den Genies, von denen Gerhard Prause in seinem Buch ›Genies in der Schule‹ berichtet, diejenigen, die auch ohne entsprechende Schulbildung zum großen Erfolg in ihrem Leben kamen, fast nur Amerikaner zu finden sind, aus einer Zeit ohne systematisches Bildungs- und Berechtigungswesen.

Was geschieht aber, wenn man erst nach der Schule merkt, daß das, was man in der Schule konnte und gern tat, mit dem, was man später tun muß, wenig gemein hat, und es zu spät ist, etwas Neues anzufangen? Das ist, als ob man unglücklich verheiratet und Scheidung verboten ist.

Dabei gäbe es so vieles, was man lernen sollte, was man später nötig braucht. Was wissen wir von der Erziehung und der Entwicklung des kindlichen Wesens? Die Erziehung, die wir an uns selbst erlebt haben, reicht zur Erziehung unserer eigenen Kinder oft nicht mehr aus, weil sich die soziale Struktur unseres Gemeinwesens geändert hat. Aber Erziehungslehre und praktische Erfahrung, etwa in Kindergärten, gibt es noch kaum. Es ist aber nicht allein zu beklagen, daß die Kinder in der Schule nicht für das Leben, für ihre Rolle als Erwachsene lernen. Dann wäre die Schulzeit nur ein Lebensabschnitt, der nicht gut genützt, vielleicht einfach vergeudet wäre. Das allein wäre schlimm genug. Aber nein, es ist schlimmer, nicht nur lernen die Schüler vielfach nicht, was sie bräuchten, sie lernen viel mehr, was ihnen und uns allen schadet.

Besonders in den Gymnasien werden am abstrakten Stoff des Lehrplanes, der mit Berufs- und Lebenswirklichkeit, wie wir sahen, wenig gemein hat, eine Lebenshaltung und ein Lebensbild entwickelt, das nicht durch Bildung, sondern allein durch Leistung geprägt ist, und zwar durch Leistung, die in Leistungsstufen eingeteilt ist und die anscheinend nur da ist, um in Berechtigungsstufen nachgewiesen zu werden, durch einen Leistungsnachweis auf Kosten der Konkurrenten.

In der Schule lernen die Schüler zu verhindern, daß der Schulbanknachbar abschreibt, anstatt zu lernen, wie man ihm zur gemeinsamen Leistung hilft.

Wo lernen unsere Kinder die Kooperation, das viel berufene Teamwork, das wir in unserer arbeitsteiligen Gesellschaft so dringend notwendig brauchen? Die pädagogisch sinnvolle Aufforderung an den Klassenbesten, er bekomme seine sehr gute Note erst dann, wenn er dafür sorge, daß auch der Klassenletzte das Lernziel erreicht, um seine Verantwortung deutlich zu machen, die er mit seinen Gaben für seine Mitmenschen und Mitschüler hat – diese Pädagogik ist nicht möglich, weil rechtswidrig.

Aus den zahllosen Klassenarbeiten, Zwischen- und Abschlußprüfungen, die sich aneinanderreihen mit der Aufforderung, in einem Minimum an Zeit ein Maximum an Einzel- und Detailwissen zu reproduzieren, muß doch der Schüler schließen, es komme auch im Leben nur auf die Prüfungsfähigkeit an. Wo aber gibt es im Leben so etwas wie Prüfungen? Alles ist doch lange Übung, Routine, Erfahrung. Der chirurgische Assistent darf erst dann eine Operation selbstverantwortlich vornehmen, wenn er viele Male zugesehen, mitgeholfen und dann unter Aufsicht eines Erfahrenen operiert hat. So oder ähnlich ist es überall im Berufsleben. Die lange praktische, konkrete Erfahrung im Geleit des Meisters ist doch die Grundlage der Bewährung und der Leistung. Und dabei besteht eigentlich immer die Möglichkeit, nachzufragen und sich Rat zu holen.

Nehmen wir doch als Beispiel die in unserem Leben zweifellos wichtige Fähigkeit, ein Auto durch den Verkehr zu steuern. – Es hat noch keine Schulbehörde beschlossen, die bei uns sicher wichtige Fähigkeit durch praktischen Unterricht in der Schule lehren zu lassen. Ganz zu Beginn der Autoära lernte es der eine vom anderen ohne Zeugnis und Führerschein. Bald bedurfte es der praktischen Erfahrung, die man neben dem Fahrlehrer gewann und die dieser zu bestätigen hatte. Schließlich kam noch eine zunächst nicht entscheidende theoretische Prüfung hinzu. Schließlich hat man, um die Sicherheit auf den Straßen zu verbessern, sich eine wesentliche Verschärfung der Anforderungen in dieser theoretischen Prüfung einfallen lassen, so daß die Theorie den gleichen Stellenwert erhalten hat wie die Fahrpraxis, auf die es doch eigentlich viel mehr ankommt. So hat man auch das Autofahrenlernen verschult. Als ob es mehr aufs Wissen als aufs Können ankäme. Wissen braucht man nur soviel, um zu können.

Das weiß ein Unternehmen wie z. B. eine große Luftfahrtgesellschaft schon längst. Natürlich spielt für jeden Piloten das Wissen eine große Rolle, aber er darf erst dann allein ein Verkehrsflugzeug steuern, wenn er Erfahrung hat, wenn er es kann, d. h., wenn er einige tausend Stunden neben dem geflogen ist, der die Erfahrung und das Können hat.

Einmal in der Prüfung nachgewiesenes Wissen sagt nämlich über das Können wenig aus, schon deshalb, weil ohne Übung das Angebüffelte schnell wieder vergessen wird.

Dieser momentane Leistungsnachweis des einzelnen als Voraussetzung für den sozialen Aufstieg bewirkt bei den Jugendlichen, die den Weg dieser Prüfungsleiter gehen müssen, ein Anspruchsdenken, das schlimme Folgen hat. Dem, der eine Prüfung einmal bestanden hat, muß man auch ein bestimmtes Gehalt zahlen, gleichgültig ob er diese einmal bewiesene Fähigkeit auch in Zukunft erbringt oder nicht, ob er sich im Beruf bewährt oder nicht.

Dieses Laufbahnwesen und -denken stammt aus dem Beamtentum und dem öffentlichen Dienst, und man wendet es nun zur vorbereitenden Auslese und zum Nachweis der Berechtigung in einem scheingerechten Verfahren in unseren Schulen an. Unser Schul- und Bildungswesen wird immer mehr verbeamtet und in die soziale Stufenleiter der Lebenslaufbahn eingespannt. In Handwerk und Wirtschaft finden die Schüler aber noch andere Bedingungen der Bewährung vor und sind dann darauf nicht vorbereitet. Und auch der Staat und die öffentliche Hand werden mit steigendem Andrang der starken Geburtsjahrgänge ihre liebe Not haben, allein mit Prüfungs- und Wissensauslese die eigentlichen Könner, die man so nötig hätte, zu finden. Man wird nur Leute finden, die gelernt haben, sich anzupassen, schnell viele Details zu behalten, ohne sich über die Zusammenhänge und über ihre Verantwortung den Mitmenschen gegenüber Gedanken zu machen, und die nicht riskieren, durch eigene Initiative und mit dem Risiko des Versagens auch neue, möglicherweise bessere Wege zu suchen.

Man wird mir jetzt entgegenhalten, ich wende mich wieder einmal gegen Leistung, wo wir doch nur mit Leistung unseren jetzigen, wirtschaftlich einigermaßen gesunden Standard erworben hätten und nichts notwendiger sei als Leistung, um in Zukunft bestehen zu können.

Nichts gegen Leistung und alles für die Entfaltung aller Kräfte und Fähigkeiten des einzelnen zum gemeinsamen Wohle, alles für eine Leistungsfähigkeit, die jedem, der sie bei sich entdeckt, Freude bereitet und die er sucht, schon als kleines Kind – aber alles gegen Leistung aus sinnlosen Anforderungen, nur um des Nachweises willen und auf Kosten anderer.

So lernen unsere Kinder in der Schule, daß alles darauf ankomme, mehr zu leisten als der andere, als ob es im späteren Leben darauf ankommen dürfe, nur mehr zu leisten als der andere, nur darauf ankomme, den Konkurrenten auszuschalten, und nicht viel mehr darauf, mit den anderen gemeinsam etwas zu leisten, um miteinander dem Gemeinwohl zu dienen. Tatsächlich ist das Konkurrenzleistungsprinzip auch im späteren Leben vielfach gültig. Tatsächlich gilt es im Laufbahnwesen, wo es niemandem schadet, aber dem Ganzen nichts nützt; es gilt im freien

Wirtschaftsleben, wo es einzelnen sehr schadet und dem Gemeinwesen als Nutznießer solcher Rivalität zum Teil sogar nützt, leider aber auch im Leistungs- und Konkurrenzdenken ganzer Völker, Nationen, Wirtschaftsblöcke, wo es auf die Dauer allen schaden wird, wenn die Leistungsstarken ihre Leistung auch weiterhin auf Kosten der Schwachen zum Wachstum ihres Bruttosozialproduktes und zur Erhaltung ihres Wohlstandes zu steigern suchen. In jedem Fall ist Leistung auf Kosten anderer, im kleinen wie im großen, unsittlich. Wobei Seneca wieder einmal recht behält, wenn er sagt, was in der Schule gelehrt werde, mache den Menschen nicht gut, nicht besser. So lehrt die Schule tatsächlich manchmal durchaus für das Leben, aber für ein Leben, wie es nicht sein sollte.

Die Vorkämpfer für die Leistung meinen, mit der Forderung nach höherer Schulbildung auch die Leistungsfähigkeit im Leben und im Beruf wecken und sicherstellen zu können. Die Leistung, die in der Schule erlernt wird, schließt aber neben den verhängnisvollen Fähigkeiten des Rivalitätsverhaltens auch im Positiven nur einen kleinen Ausschnitt des Gesamtleistungsgebietes ein, dessen der Mensch fähig ist und das zum gemeinsamen Leben erforderlich ist. Ich lerne mich ausdrücken, formulieren, nacherzählen, reproduzieren, Daten wiedergeben und speichern, aber ich erfahre nichts von Kranken, Alten,

Sterbenden und Behinderten und davon, wie ich mit ihnen mitmenschlich umgehen kann.

Diese sozialen Fähigkeiten, die wohl zum Wichtigsten gehören, was Kinder, die in ein so dicht besiedeltes und auf Zusammenarbeit angewiesenes Staatsleben hineinwachsen, benötigen, sind in der Schule nicht gefragt, sind zur Qualifikation und Auslese wenig geeignet und werden daher als Lern- und Übungsinhalt überhaupt nicht angeboten. Ich lerne wenig von meinen Rechten als Staatsbürger und meinen Pflichten als Teilnehmer an der Politik meines Gemeinwesens, zumindest darf ich sie als Schüler gar nicht praktisch üben. Wenn ich aber 18 Jahre alt bin, dann soll ich es plötzlich können.

Das Wichtigste aber, was den jungen Menschen während der Schul- und Ausbildungszeit vermittelt werden sollte, nimmt ihnen die Ausleseschule noch weg: das Selbstgefühl, das sichere Wissen um das, was man gut kann und was man nicht so gut kann, gestützt auf Erfolge und positive Erfahrungen auf den vielfältigen Gebieten, auf denen sich menschliche Begabung äußern kann.

Diese Fähigkeit, zu lernen, um etwas zu können und sich dieser Leistung für andere zu erfreuen, diese Fähigkeit aber können Kinder und Jugendliche nur erreichen, wenn alle ihre Anlagen gleichermaßen und gleichwertig angesprochen werden, wenn jeder nach seinen Fähigkeiten und nach seinem Können eingeschätzt wird und nicht nur auf dem schmalen Sektor, den unser Schulsystem als Bildung deklariert und zur Auswahl mißbraucht. Wir brauchen, um eine wirklich lebensnotwendige, d. h. für das spätere Leben notwendige Leistungsfähigkeit bei den Kindern zu wecken, die Anerkennung der unterschiedlichsten Fähigkeiten als gleichwertige Leistungen, sei es auf sprachlichem, technischem, kognitivem, motorischem, kreativem und ganz besonders auf sozialem Gebiet. Das heißt: Wenn einer nichts anderes kann als tanzen, dann soll er seine Anerkennung und notfalls auch seinen Ausbildungsabschluß im Tanzen machen können, und dieser sollte nicht weniger wert sein als ein erfolgreicher Abschluß in irgendeinem theoretischen Fach.

So ist es nicht nur utopisch, sondern in gespenstischer Weise konsequent und zwangsläufig, daß Menschen wie Ivan Illich eine groteske Entwicklung klar zu Ende denken und damit die Schule einmal ganz grundsätzlich in Frage stellen. Ivan Illich fordert die entschulte Gesellschaft und macht uns erst die Zwänge, in die wir hineingeraten sind und die wir selbst gar nicht mehr erkennen, deutlich. Die Schule, wie sie ist, ist uns so selbstverständlich geworden. Es ist wie bei einem Bauern, der einen Bach umgeleitet hat, damit er seine Felder bewässere. Der Bach ist aber inzwischen zum Fluß geworden, der alle Felder jährlich überschwemmt, und der Bauer überlegt sich nur noch, wie er immer wieder den Schlamm der Überschwemmung beseitigen könnte. Die Schule ist nicht abzuschaffen, aber von der Annahme ausgehend, wir müßten ohne sie auskommen und es gäbe sie nicht, sollte man sie neu überdenken.

Wir lernen für das Leben, nicht für die Schule, ist eine Forderung, keine Feststellung, schon vor zweitausend Jahren und auch heute noch. Heute mehr denn je.

Wer will und wer braucht
eigentlich Zensuren?

Wenn man einen Aufsatz von Hellmut Becker, dem ehemaligen Direktor des Max-Planck-Instituts für Bildungsforschung in Berlin, über ›Zensuren als Lebenslüge und Notwendigkeit‹ sehr verkürzt auf einen Nenner bringen will, dann wäre daraus zu folgern, daß Zeugnisse zwar als Maßstab für die Leistungsfähigkeit in Schule, Studium und Ausbildung ungeeignet sind, daß man sie aber dennoch verwenden muß, weil diese Form der Selbstkontrolle von den Schülern und in der Ausbildung Stehenden gewünscht werde.

Tatsächlich erfahre ich auch überall da, wo ich Zeugnisse in Frage stelle und für ihre Abschaffung plädiere, energischen Widerspruch nicht nur von den Eltern, sondern auch von den Schülern und Studenten selbst. Nun ist aber wohl der Wunsch nach Zensuren noch kein Beweis für die Richtigkeit ihrer Anwendung und auch kein Beweis für die Notwendigkeit. Daß sie als Instrument völlig ungeeignet sind, weiß man seit Ingenkamp, und Hellmut Becker hat es in dem genannten Aufsatz noch einmal überzeugend dargestellt. Es ist doch eigentlich sehr verwunderlich, daß nicht nur die, welche Zeugnisse geben, sondern auch diejenigen, deren Leistungen damit zensiert werden, auf ihrer Verwendung bestehen, obwohl seit Jahrzehnten vielfältig nachgewiesen und laut verkündet wurde, wie ungeeignet Zeugnisse sind und wie sehr die von ihnen verbreitete Gewißheit eine Lüge ist. Wenn aber Menschen hartnäckig darauf bestehen, wider alle Vernunft etwas »Unvernünftiges« zu tun oder beizubehalten, dann lohnt es sich, sich Gedanken zu machen, was denn hinter dieser Beharrlichkeit wirksam sein könnte.

Wenn das acht- oder neunjährige Kind in der Sprechstunde gefragt oder ungefragt mitten im Schuljahr den genauen Durchschnitt seiner Mathematik-Note – nicht seines Rechenzeugnisses – und auch die Durchschnittsnote seines Gesamtzeugnisses auf zwei Stellen hinter dem Komma genau sagen kann – obwohl es noch gar keine Komma-Rechnungen gelernt hat –, dann weiß dieses Kind zweierlei:

Es weiß, daß es mit dieser Durchschnittsnote von 2,35 in seiner Leistungsfähigkeit zwischen seinen Mitschülern Fritz und Franz steht, daß es also besser ist als Fritz, aber schlechter als Franz, und es weiß zweitens schon, daß dieses Zeugnis etwas mit seinem späteren Leben, mit seinem Erfolg im Leben, mit seinem Sozialstatus zu tun hat.

Beides weist darauf hin, daß die hierarchische Einordnung in die Umwelt auch schon für dieses kleine Kind von Bedeutung ist, so wie sich schon junge Mütter mit ihren Kleinkindern hierarchisch einstufen, wenn sie feststellen, daß ihr Kind schon laufen kann, das gleichaltrige der Nachbarin dagegen nicht.

Nun sind Leistungshierarchien an sich noch keineswegs etwas Negatives, solange es sich um Leistungen handelt, die keinen Bezug zum Charakter und Wert eines Menschen herstellen können, solange diese Leistungsskala nicht den alleinigen und bestimmenden Wertmaßstab darstellt. Wir kennen dies beim Sport. Auch dort werden Leistungshierarchien aufgestellt, und bei jedem Sportwettkampf geht es um Zeugnisnoten in Form von Zehntelsekunden, Metern und Zentimetern. Allerdings weiß jeder Beteiligte, daß es dabei nur um diese sportliche Leistung geht, und im allgemeinen denkt auch niemand daran, den Charakter und Wert eines Menschen nach dieser sportlichen Leistung zu messen. (Dies hat sich allerdings bei manchen Berufssportlern zum Nachteil des Sports durchaus geändert.) Aber außerdem: Niemand ist gezwungen, Leistungssport zu treiben.

So erhält die Gewißheit, in der Leistungsskala zwischen den Mitschülern Fritz und Franz zu stehen, ihr Gewicht erst durch das Wissen von der großen Bedeutung des Zeugnisses für die soziale Position, die zu erreichen ich dadurch eine Chance bekomme.

Das heißt aber auch, daß Zeugnisse zwar völlig un-geeignet, aber auch völlig unschädlich waren, solange sie in ihrer Scheindifferenzierung außer der Erstellung einer vermeintlichen Leistungshierarchie keine weiteren Wirkungen hervorrufen konnten. Solange es keinen Numerus clausus gab, waren Zeugnisse tatsächlich unschädlich.

Warum wollen Schüler selber Zeugnisse, und warum wollen Eltern Zeugnisse für ihre Kinder?

Es wollen dies immer nur die guten Schüler und diejenigen, die noch hoffen können, gut zu werden. Diese möchten sich selbst bestätigen lassen, und sie möchten sich abgrenzen können von denjenigen, die weniger leisten als sie.

Ist es aber mit dem Erziehungsauftrag der Eltern und der Schule eigentlich vereinbar, daß wir diese Tendenz zur Selbstbestätigung und zur Abgrenzung von den Schlechteren noch ausdrücklich fördern?

Bei einer Veranstaltung der Akademie für pädagogische Entwicklung und Bildungsforschung am 3. und 4. Juli 1981 in Augsburg hielt der norwegische Kinderpsychiater Finn Magnussen einen Vortrag über das Thema: Schule und emotionales Lernen. Dabei wies er darauf hin, daß die Solidarität, die unser westliches Sozial- und Unterhaltssystem ermöglicht hat, eben durch dieses System, durch das es geschaffen wurde, in Frage gestellt werde, da wir uns gegenseitig immer weniger nötig haben. Anders ausgedrückt: Wir erziehen unsere Kinder zur Unsolidarität, und es ist die Leistungshierarchie, es sind die Zeugnisse, welche die Kinder zur Unsolidarität zwingen.

In allen Schulen, in allen Prüfungen und Klausuren ist Abschreiben streng verboten. Aber ganz plötzlich, unmittelbar nach dem letzten Examen, vom ersten Tag im Beruf an, wird ›Abschreiben‹ zur wichtigsten Pflicht und zur absoluten Notwendigkeit. Ganz plötzlich soll die Fähigkeit vorhanden sein, zusammenzuarbeiten, dem Erfahrenen über die Schulter zu blicken, um zu sehen, wie er es macht, ihm nachzumachen und nicht auf Kosten, sondern mit Hilfe und in Ergänzung zu seinen Mitarbeitern tätig zu sein.

Immer wieder hören wir, daß der Kampf um die gute Note da und dort dazu führe, daß Kinder nach einer Krankheitspause oder einem sonstigen Versäumnis große Mühe haben, von ihren Schulkameraden zu erfahren, was in der Zwischenzeit durchgenommen wurde, weil jede Unkenntnis des einen Schülers von den anderen gerne dazu benützt wird, den eigenen Vorsprung deutlicher zu manifestieren, und daß Kinder mit Atlanten Sichtblenden zwischen sich und dem Nachbarn aufbauen, damit dieser während der Klassenarbeit nicht abschreiben kann, eine Handlungsweise, die in unserer Jugend zum moralischen Ausschluß aus der Klasse geführt hätte.

Es ist bei uns auch nicht möglich, im Unterricht den guten Schülern deutlich zu machen, daß ihre bessere Begabung und höhere Intelligenz eine Verpflichtung gegenüber ihren weniger begabten Mitschülern bedeutet. Es wäre ja wohl kaum rechtlich möglich, dem Primus einer Klasse seine verdiente Eins so lange vorzuenthalten, bis er es erreicht hat, daß der Schwächste der Klasse in diesem Fach sich von Sechs auf Fünf verbessert hat.

Daraus wird offenbar, daß die Zeugnisse gegen alle Behauptung gar nicht dazu dienen, Leistungen objektiv zu bewerten, sondern daß sie in erster Linie dazu dienen, eine Leistungsskala herzustellen, auf der man die Guten, die Besseren, die weniger Guten und die Schlechten voneinander trennen kann. Hat die ganze Klasse in einer Klassenarbeit die Note Eins geschrieben, dann freuen sich die Guten gar nicht, und wenn die ganze Klasse eine Fünf schreibt, dann ist davon niemand beschwert.

Warum wollen manche Lehrer Zensuren?

Erfahrungsgemäß legen die guten Lehrer keinen Wert auf Zensuren, wohl aber diejenigen, die Disziplinschwierigkeiten zu befürchten haben. Warum will der Staat, warum will die Kultusverwaltung Zensuren, und warum setzt die Kultusministerkonferenz die Numerus-clausus-Entscheidung gegen alle sachverständigen Gremien und gegen den Widerstand der Wissenschaft durch und wertet damit die Zeugnisnote zum entscheidenden Lebenskriterium und zu *dem* Maßstab für den Wert eines Menschen auf?

Das ist so, weil Bildungspolitik und Schulverwaltung in der Regel von denen gemacht werden, die seinerzeit vom Schulsystem und vom Notensystem profitiert haben. Weder Einstein noch Churchill kümmerten sich um das Schulwesen, sondern waren froh, daß sie die Schule hinter sich hatten. Es sollte uns doch zu denken geben, daß Einstein heute keinerlei Chance mehr hätte, Direktor am Max-Planck-Institut zu werden.

Ich möchte die Vermutung wagen, daß es um unser Schul- und Bildungssystem besser bestellt wäre, wenn in den entsprechenden Behörden die ehemaligen Schulversager das Sagen hätten.

Es sind auch stets diejenigen, die vom Schul- und Zeugnissystem profitiert haben, die auch jetzt noch darauf bestehen, daß es Zeugnisse gebe. Es sind immer diejenigen, die in der Unsolidarität, in der Abgrenzung von den Schlechteren ihren Erfolg gefunden haben, die gewissermaßen auf den Schultern der andern stehend das Hochwasser überstehen konnten.

Überhaupt wird bei der Diskussion über Vorteile und Nachteile, über Entbehrlichkeit und Notwendigkeit der Zensuren die gar nicht kleine Gruppe derjenigen Schüler einfach ignoriert, die unter diesem System leiden und zum Teil wohl irreversibel geschädigt werden. Gerade weil der Maßstab der Zensuren immer mehr zum Wertkriterium für die Persönlichkeit ausgeartet ist, haben alle diejenigen, die damit tagaus tagein ihre Unwertigkeit bestätigt bekommen, schwer zu leiden.

Wir haben in der Kinder- und Jugendpsychiatrie immer mehr mit Jugendlichen zu tun, die ihre Enttäuschung und ihre Frustration nicht durch Aggressivität abreagieren und überwinden können, sondern die sich in Depression, Angst und Resignation zurückziehen.

Eine Untersuchung aller wegen Schulproblemen bei uns vorgestellten Kinder und Jugendlichen in den letzten 20 Jahren hat gezeigt, daß sich die Verhaltensstörungen, die neben der Schulproblematik noch zum Ausdruck kamen, gerade in den letzten Jahren deutlich gewandelt haben. So sind die Erziehungsschwierigkeiten, die Aggressivität und Kriminalität eher wieder abgefallen, wogegen die Angst und die Depressionszustände stark angestiegen sind und jetzt ein höheres Niveau erreicht haben als die extravertierten Reaktionsweisen je zuvor.

Natürlich wird man diese Reaktionsweise nicht allein den Zensuren in die Schuhe schieben können, wohl aber der Schulsituation als ganzer, und diese wird sehr wesentlich von Prüfung und Zensuren und den damit verbundenen Wertzuschreibungen bestimmt. Damit stimmt auch überein, daß Schüler aus Schulen, in denen keine Zensuren gegeben werden, wie den Waldorfschulen, im allgemeinen bis zuletzt gerne zur Schule gehen und auch später positiv an die Schulzeit zurückdenken, wogegen der Anteil der Schüler, die am Ende der Schulzeit noch gerne zur Schule gehen und später positiv daran zurückdenken, sich in den öffentlichen Schulen allmählich dem Nullpunkt zu nähern scheint. Das gilt zumindest für alle diejenigen, die sich in der Schule keine Erfolgserfahrung holen konnten, und das ist immer noch der größere Teil, und dieser sollte bei der Erörterung über Nützlichkeit und Schädlichkeit der Zensuren nicht vergessen werden.

Wie ist es aber nun mit der notwendigen Selektion? Es wäre die Frage zu stellen, ob so viel Selektion, wie sie bei uns schon vom 10. Lebensjahr ab, ja unter Umständen bei der Entscheidung über die Sonderschule schon viel früher, ständig vorgenommen wird, auch wirklich notwendig ist. Aber wer selektiert, hat Macht, und darum sind diejenigen, die selektieren dürfen, auch an der Selektion interessiert. Die Selektion ist aber ungleich einfacher, wenn sie sich auf den scheinbar objektiven Maßstab der Zeugnisse stützen kann und damit justitiabel ist; man wird sich daher bei der Selektion auch stets auf Leistungsgebiete beschränken, welche eine solche scheingerechte Messung möglich machen. An der

Solidarität der Schüler ist dagegen niemand interessiert, schon deswegen nicht, weil eine solche Solidarität sich schwerlich in eine abfragbare Leistung und damit in objektive Zeugnisse umrechnen ließe. So hofft man eben, daß sie sich später einmal von alleine einstellen wird.

In totalitären Staaten, so auch in dem von Hellmut Becker zitierten China, werden ebenfalls und in noch viel größerem Umfang im Bildungsbereich Selektionen vorgenommen, schon deswegen, weil die damit ausgeübte Macht der Wenigen über die Vielen zum System gehört. Sie können sich solche Selektionen aber eher leisten, weil daneben die Erziehung zur Solidarität und zur Konformität mit so ungeheurem Zwang durchgeführt wird, daß diese Solidarität auch eine nur scheinbar gerechte Selektion ertragen läßt. Wenn sich aber, wie bei uns, die systematische Erziehung zur individuellen Entfaltung mit der Erziehung zur Unsolidarität verbindet, dann entsteht ein Konkurrenzdenken, das zwar vordergründig auch zu hohen Leistungen führen kann, letztlich aber, wie Magnussen gezeigt hat, unser Sozialsystem und unsere Demokratie schwer gefährden muß.

Wie soll man aber nun mit Leistung und Leistungsbewertung umgehen?

Zunächst sollte man bei der Erörterung die Zeugnisgebung und die Prüfung als solche trennen.

Zunächst zu den Zeugnissen: Ein Verzicht auf

Zeugnisnoten ist ja noch nicht gleich ein Bewertungsverzicht. Auch ohne Zeugnisse kann man die Fehler anstreichen und zu ihrer Verbesserung auffordern, auch in der schlechtesten Gesamtarbeit läßt sich noch etwas Positives – und sei es nur die ordentliche Schrift – betonen. Auf die Möglichkeit der Leistungsbeschreibung bis zur Vergleichbarkeit und zur Verwendung als Eigenkontrolle hat Hellmut Becker bereits hingewiesen, aber auch auf die Notwendigkeit, solche Leistungsbeurteilungen zu erlernen. Selbst die schematischste verbale Leistungsbeschreibung ist besser als die gerechteste Note, weil sie die Äußerung eines Menschen über einen anderen Menschen darstellt, gewissermaßen ein Zwiegespräch zwischen dem Lehrer und dem Schüler, auf das dieser auch antworten kann – aber gerade darauf legen wohl manche Lehrer keinen Wert.

Und nun zur Prüfung: Ich habe noch nie einsehen können, wozu Prüfungen notwendig sind. Es gibt im realen Leben keine Situation, in der es notwendig ist, in einem Minimum an Zeit ein Maximum an Wissen mit einem Minimum an Hilfsmitteln zur Verfügung zu haben. Alle Leistungen, die im Leben verlangt werden, werden aufgrund erlernter Routine und der Fähigkeit erbracht, Wissen, auch das Wissen um Hilfsmittel, anzuwenden. Die Prüfung aber beschränkt sich auf das Auswendigzulernende und Abfragbare, ohne den Realitätsbezug zu berücksichtigen, d. h. auf den Aspekt, ein Instrument zur Selektion in die Hand zu bekommen.

Die ideale Leistungsbeurteilung bestünde für mich immer noch in der Lehrerbeurteilung aus einer längerfristigen gemeinsamen praktischen Tätigkeit heraus. Einem solchen Vorschlag haftet immer die angebliche Schwäche der Subjektivität an, der Begünstigung des Schülers durch den Lehrer oder auch der ungerechtfertigten Benachteiligung. Dies ließe sich durch eine kollegiale Prüfung leicht vermeiden. Auch die früheren Prüfungen in der Medizin bestanden aus einer Summe von Einzelprüfungen, wobei die Benachteiligung und die Begünstigung im Einzelfall weitgehend ausgeglichen wurden. Noch bis vor kurzem wählten die Universitäten ihren wissenschaftlichen Nachwuchs bei der Habilitation in dieser Weise aus, und sie fuhren nicht schlecht dabei. Noch ist keiner auf den Gedanken gekommen, die Habilitation durch eine Klausur zu ersetzen. Die Beurteilung sollte aus der konkreten Tätigkeit für eine konkrete Tätigkeit erfolgen.

Ich sehe ein, daß eine solche Leistungsbeurteilung aus einem Meister-Lehrlings-Verhältnis und Lehrer-Schüler-Verhältnis heraus heute kaum mehr realisierbar erscheint. Man sollte aber an dieser Stelle einsehen, daß es nicht das Argument der Gerechtigkeit sein kann, das gegen eine solche Form der Beurteilung vorgebracht werden muß, sondern allenfalls das

Argument der Rationalität. Auf der Suche nach der absoluten Gerechtigkeit der Beurteilung kommen wir, das hat die Entwicklung der letzten Jahre gezeigt, unvermeidlich zur zwar im höchsten Maße gerechten, aber auch im höchsten Maße sinn- und zwecklosen Beurteilung.

Im übrigen bin ich immer noch nicht davon überzeugt, daß diese Rationalität auch ein wirklich stichhaltiges Argument ist. Die Idealvorstellung von der flächendeckenden gerechten Leistungsbeurteilung in einem Land führt zwangsläufig zur Beschränkung individueller Fähigkeiten, sowohl beim Lehrer wie beim Schüler, und man sollte darum dieses Ideal nicht zu weit treiben. Man fürchtet, daß ungeeignete Lehrer Schüler ausbilden und diese ungeeignete Ausbildung keiner Kontrolle unterliegt. Ich denke, das würde sich bald herumsprechen. Im Orient lese ich auf Praxisschildern, an welcher Universität die Ärzte ausgebildet wurden. Unter diesem Prinzip würden die ausbildenden Institutionen sehr wohl darauf achten, wie ihre Schüler ausgebildet werden, und ihren Ruf nicht leichtfertig aufs Spiel setzen.

Auch das Multiple-choice-Verfahren, das zur Überwindung des Ungerechtigkeiten und Ungleichmäßigkeiten begünstigenden alten Prüfungssystems eingeführt wurde, ist alles andere als gerecht. Es prüft vor allem die Deutschkenntnisse. Wer verklausulierte Sätze am schnellsten erfassen kann, hat einen wesentlichen Zeitvorsprung und damit eine bessere Chance. Der sprachfremde Student ist dabei schwer benachteiligt, und er kann trotz guter Medizinkenntnisse allein an seinen Deutschkenntnissen scheitern.

Wenn es aber utopisch ist, zum alten, auf Vertrauen gegründeten Ausbildungs- und Beurteilungssystem zurückzukehren, dann sollte man wenigstens das moderne, einheitlich genormte und justitiable Zeugnis- und Prüfungssystem nur dort einführen, wo es auch unumgänglich ist, oder anders, man sollte so lange auf Prüfen und Zeugnisse verzichten, als dies irgend geht, nämlich in der Schule bis zum Numerus clausus, d. h. bis *nach* dem Abitur.

Damit ist keineswegs gesagt, daß der Numerus clausus unumgänglich sei und daß er eine Zeugnisselektion erfordere. Man sollte das Abitur als Minimalvoraussetzung für jedes Studium auch weiterhin beibehalten. Bis zum Abitur wären aber Zeugnisse und Prüfungen keineswegs notwendig, so wie dies heute schon an Waldorfschulen und in anderen Ländern demonstriert wird. Das Abitur selbst könnte dagegen durchaus durch das Kollegialorgan des Lehrerrats als bestanden oder nicht bestanden festgestellt werden. Mehr bräuchte es dazu nicht. Besteht nun ein Engpaß an der Universität, dann könnte entweder die Universität selbst sehen, wie sie ganz gezielt für das angestrebte Fach ihre Auslese unter den Bewerbern treffen will. Will die Universität das nicht selbst tun, dann wäre das Los nicht weniger gerecht als alle jetzt angewandten Ausleseverfahren.

Besser noch wäre allerdings die Vorauslese in praktischer Tätigkeit, etwa die Vorauslese zur Medizin in der Ausbildung zum Krankenpfleger oder zur Krankenschwester, aus der heraus sie sich in konkreter, dem späteren Beruf ähnlicher Tätigkeit bewähren könnten.

Eine Prüfung, warum denn von Eltern und Schülern selbst Prüfungen und Zeugnisse gewünscht werden, macht somit deutlich, daß es gar nicht nur, wie Hellmut Becker glaubt, der zweifellos vorhandene Wunsch nach Gewißheit über die eigene Leistung ist, sondern das zum Teil sicher anerzogene Bedürfnis, sich abzugrenzen und besser zu sein als der andere. Dies ist so lange ein harmloses Vergnügen, als die Bewertung und die hierarchische Abgrenzung wie im Sport nur einen begrenzten Bereich umfassen und meine Teilnahme daran freiwillig ist. Sie ist so lange harmlos, als die hierarchische Bewertung und Abstufung nicht die Person des Menschen in seinem Selbstwert und seiner Stellung in der Gemeinschaft berührt. Dort aber, wo der einzelne von der Gemeinschaft dadurch eingestuft wird, muß ein solches System, besonders im Alter der psychischen Entwicklung, also gerade ein Schulsystem, die Kinder und Jugendlichen zur Unsolidarität erziehen und schädigen. Dazu kommt, daß Zensuren und Prüfungen sich vor allem deswegen selbst erhalten, weil die, die über Schulsystem und Schulpolitik zu bestimmen haben, mit denjenigen identisch sind, die seinerzeit von diesem Schulsystem profitiert haben. Zensuren und Prüfungen fördern die einen auf Kosten der andern, und zwar nicht die Begabten auf Kosten der Unbegabten, sondern die in der einen Weise Begabten zum Schaden und Nachteil der anders Begabten.

Es geht also bei Zensuren und Prüfungen viel weniger um Auslese und Lenkung von Begabungsströmen, als um Förderung und Schädigung.

Eine solche immerwährende und sich immer wiederholende Schädigung eines nicht geringen Teils der Kinder und Jugendlichen in ihrer psychischen Entwicklung muß aber wegen der daraus erwachsenden Spannung und Unsolidarität auf die Dauer zur Gefährdung eines demokratischen Staatswesens führen.

In der Gesellschaft

Die Segnungen und
Versuchungen der Elektronik
und der Bildmedien

Was hat sich in den letzten 25 oder 30 Jahren nicht alles in unserem Alltag geändert! Eine Veränderung, mit der die Jugendlichen, ja schon die Kinder besser und selbstverständlicher zurechtkommen als die Eltern und gar die Großeltern. Es ist wohl das erste Mal in der Menschheitsgeschichte, daß die Älteren von den Jüngeren lernen und auf deren Hilfe angewiesen sind.

Noch nach dem Zweiten Weltkrieg benötigte man, um von einer Stadt zur anderen zu telefonieren, einen ortsfesten Telefonanschluß und das Fräulein vom Fernamt. Heute kann jedes Kind mittels Handy, wo es sich auch gerade aufhält, um die halbe Welt telefonieren, und besorgte Eltern können sich jederzeit vergewissern, wie es ihren Kindern geht, sofern diese nicht vorsorglich ihre Handys ausgeschaltet haben.

In fast jeder Wohnung steht heute ein Fernsehgerät, das 24 Stunden täglich visuelle Unterhaltung bietet, und im Internet findet man bequem viele interessante und noch mehr uninteressante Informationen. Die jungen und die erwachsenen Kinder können sich mit Videospielen aller Art ihre Langeweile vertreiben.

Die Veränderungen, die am stärksten in unsere Lebensweise und Gewohnheiten eingegriffen haben, sind neben der rasanten Entwicklung der Elektronik besonders die Allgegenwart des Fernsehens, aber auch die Möglichkeiten der Videos und des Internets. Dabei geht es nicht nur darum, daß viele Kinder – wie am Wochenende auch manche Eltern – täglich mehrere Stunden vor der Glotze sitzen, dabei viel Neues aus der ganzen Welt erleben können, aber nicht mehr die kreativitätsfördernde Wirkung der Selbstüberwindung der Langeweile erfahren können. Es gibt keine Langeweile mehr. Man braucht ja nur auf den Knopf des Fernsehgerätes zu drücken und zu zappen. Das Kind – und nicht nur das Kind – ist dann dem prägenden Stil des Dargebotenen und vor allem einer scheinbar Träume erfüllenden Werbung ausgeliefert. Die Werbung wird von kleinen Kindern besonders gern angesehen, weil die regelmäßige Wiederholung des bereits Bekannten sie sicher macht und befriedigt.

Nun geht es aber nicht nur um geschmacklose und falsche Werte setzende Bildwerbung oder um psychisch belastende Szenen, sondern es geht um die Unterscheidungsfähigkeit von Wirklichkeit und

Schein, von Realität und Virtualität. Kinder bauen ihren Bezug zur Realität erst im Laufe der ersten Lebensjahre allmählich auf, sie fühlen sich selbst noch als der Mittelpunkt ihrer Welt und beziehen alles, was geschieht, zunächst auf sich selbst, sie leben egozentristisch. Ihre Vorstellung ist dabei subjektiv genauso real und wirkungsfähig wie das, was wir Erwachsenen als Realität bezeichnen. Ich bezeichne deshalb diesen subjektiven und objektiven Realitätsbezug lieber als Nebenrealität und Haupt- oder gemeinsame Realität. Das Kind lernt allmählich diese beiden Realitätsebenen zu unterscheiden und gewinnt auch die Fähigkeit zum Wechsel von der einen zur anderen, es lernt die Überstiegsfähigkeit. Erst etwa mit der Einschulung dominiert eindeutig die gemeinsame Realität, diejenige der sie umgebenden Erwachsenen.

Beim Film aber, der sich bemüht, die Realität möglichst genau darzustellen, der »täuschend echt« ist, kann ein kleines Kind diese Unterscheidung noch nicht sicher treffen. Einer meiner Enkel – er war damals wohl im zweiten Lebensjahr – war dabei, als ein selbst gedrehter Film gezeigt wurde, in welchem seine ältere Schwester im Garten herumsprang. Er eilte sofort in den Garten, um nach seiner Schwester zu sehen. Für ihn war dieser – keineswegs täuschend echte – Film eine tatsächliche Realität. Er konnte Realität und Virtualität noch nicht unterscheiden.

Selbst wir Erwachsenen lassen uns in einem positiv emotionalen Film gerne von der Nebenrealität gefangennehmen und kehren erst zur Wirklichkeit zurück, wenn das Licht im Kino wieder angeht. Zeichentrickfilme, also Filme, die nicht »täuschend echt« sind, stellen daher für die Überstiegsfähigkeit der Kinder kaum Probleme dar, denn es ist auch den Kindern klar, daß das Gezeigte so in der Wirklichkeit nicht vorkommt.

Viele Gewaltfilme lösen bei den Zuschauern, vor allem bei den noch nicht abgestumpften Kindern und Jugendlichen, Angst aus. Angst aber ist die entwicklungsgeschichtlich wohl älteste und deshalb wohl die wichtigste und folgenreichste Emotion, die es gibt. Auch das Tier hat Angst, aber nur vor einer realen, gegenwärtigen Bedrohung, auf die es entweder mit Flucht oder Aggression reagiert. Der Mensch aber kann sich – als wohl einziges Säugetier – seine Zukunft vorstellen. Das macht ihn einerseits sicherer, weil er Gefahren vermeiden und Vorsorge treffen kann, andererseits kann er auch vor ihr Angst bekommen. Da die angstauslösende Gefahr aber nicht real, sondern nur in seiner Vorstellung besteht, kann er nicht vor ihr fliehen, allenfalls vorübergehend mittels Drogen. So bleibt ihm nur die Aggression, die er dann, weil keine konkrete Bedrohung vorhanden ist, an irgend jemand Schwächerem oder im Vandalismus abreagiert. Hinter jeder Aggressivität steht immer eine unbewältigte Angst. Auch dies ist eine der Wirkungen von Fernsehen, Videos und Internet.

Diese haben aber noch weiter reichende und bisher kaum beachtete Folgen: Es gibt offenbar einzelne Menschen, insbesondere Jugendliche in der Reifeentwicklung und in der Zeit danach, die sich so intensiv und ausdauernd, fast süchtig mit aggressiven Videospielen beschäftigen und sich dabei so weit mit den Helden dieser Handlungen identifizieren, daß sie vorübergehend den Bezug zur Realität verlieren und wie Kinder diese von der Virtualität nicht mehr unterscheiden können und Tötungsdelikte begehen. Ein solcher Fall ist für mich ganz ohne Zweifel der 19jährige Robert Steinhäuser aus Erfurt, der am 26. 4. 2002 12 Lehrerinnen und Lehrer, zwei Schüler, eine Sekretärin, einen Polizisten und dann sich selbst erschoß.

Diese Tat hatte damals bei uns großes Aufsehen erregt, obwohl es vorher schon vergleichbare Taten gab, in Bad Reichenhall, in Freising und in Gersthofen bei Augsburg. Alle diese Täter waren intensive Videokonsumenten. Aber außerhalb von Deutschland, vor allem in den USA, ist das Phänomen der *school shootings* bekannt, und zwar in etwa 80 Fällen. Die bekannteste Tat war die in Littleton in Colorado, über die Michael Moore den Film *Bowling for Columbine* gedreht hat. Diese Serie der *school shootings* begann 1974 und steigerte sich bis heute kontinuierlich. Der amerikanische Militärpsychologe Dave Grossman hat ein Buch veröffentlicht mit dem Titel *Stop to teach our kids to kill*, in dem er darauf hinweist, daß genau solche Videos an den Kriegsschulen verwendet werden, um bei Spezialtruppen die Tötungshemmungen zu überwinden.

Die Hersteller solcher Videos wenden ein, daß Millionen Jugendlicher täglich solche Videos ansehen, ohne daß sie das Gesehene in die Tat umsetzen würden. Das ist nicht stichhaltig. Wenn ein nützliches Medikament in wenigen Fällen Todesfälle hervorrufen kann, dann wird dieses Medikament aus dem Verkehr gezogen. Es gibt offenbar eine bestimmte soziale und intrapsychische Konstellation bei einer bestimmten Anzahl von Jugendlichen, die dazu führt, daß sie sich mit ihren Videohelden überidentifizieren und dann vorübergehend einen Realitätsverlust erleiden. Sie sind aber offensichtlich weder vorher noch nachher psychisch krank oder auffällig.

Ich habe aus meiner Erfahrung als Gerichtsgutachter in vielen Fällen von Tötungsdelikten einige wenige Fälle solcher Überidentifikation bei jugendlichen Tätern auch ohne Videokonsum gefunden. Ihre Taten fanden nicht an Schulen statt. Es gibt wahrscheinlich häufiger solche Handlungen infolge Überidentifikation, sie fallen aber nur auf, wenn sie krimineller oder sonst spektakulärer Natur sind. Sicher träumen schon seit Einführung der Schulpflicht Jugendliche davon, einen ihrer Lehrer umzubringen, aber warum tun sie es erst seit 1974 in erschreckend zunehmendem Maße? Weil seither solche Videospiele weltweit und zunehmend verbreitet sind. Ein ursächlicher Zusammenhang liegt jedenfalls sehr nahe.

Was ist zu tun?

Wegen der zunehmenden Zahl der realen und virtuellen Miterzieher müssen wir diese mehr kontrollieren. Bei den Bildmedien geht es darum, daß wir in unseren eigenen Gewohnheiten ein Vorbild sind. Wir sind es, die durch das Einschalten die Quote und damit die Sendequalität bestimmen. Gegen menschenverachtende Videospiele sollte man eigentlich gesetzlich vorgehen, was im rechtsfreien Raum des Internets schwierig ist, vor allem aber kontraproduktiv sein könnte, weil alles Verbotene die Jugendlichen besonders lockt. Jedenfalls gilt ganz grundsätzlich, daß man beispielsweise nie auf Menschen schießt, schon gar nicht »zum Spaß«, und das gilt in der Virtualität genau so wie in der Realität. Daß Gewalt nur im Rahmen gesetzlicher Regelungen und nur von dazu speziell ausgebildeten und berechtigten Personen, nämlich von Gerichten und in deren Auftrag von der Polizei, ausgeübt werden darf, ist etwas, was Kinder schon frühzeitig lernen sollten. Das fängt allerdings zu Hause und in der Familie an.

Der Glaube an die Gewalt

Einer Aufsatzreihe zum Thema ›Glauben als Bedürfnis‹ ist die Feststellung vorausgeschickt, daß Glauben kein Gegensatz zu Wissen sei. Glauben sei mehr als Wissen und mehr als Fürwahrhalten. Glauben sei der Urgrund von Vertrauen und Zuversicht und damit die Basis von menschlichem, mitmenschlichem Leben.

Prüft man diese Sätze im Zusammenhang mit dem hier angesprochenen Thema, dem Glauben an die Gewalt, dann würde dies bedeuten, daß für viele Menschen nur die Zuflucht zur Gewalt Vertrauen und Zuversicht verleiht und daß für diese Menschen die Gewalt letztlich auch die Grundlage ihrer zwischenmenschlichen Beziehung sei. Tatsächlich begegnen wir täglich um uns herum der Gewalt in mannigfacher Form. Wenn sie uns nicht unmittelbar betrifft, so nehmen wir an ihr in jeder Tageszeitung, in jeder Illustrierten und vielen Fernsehprogrammen teil, sei es, daß uns von Gewalttaten einzelner Menschen gegen andere berichtet wird, sei es, daß in Aufstand und Krieg Gruppen sich in Gewalt gegeneinander wenden, oder sei es, daß die Mächtigen eines Staates Minderheiten, Volksgruppen, ja ganze Völker mit Gewalt unterdrücken. Ja, es ist doch bemerkenswert, daß die Medien vielfach Fälle von Gewalttätigkeit der Menschen gegeneinander berichten, so gut wie nie aber von liebevollem Verhalten. Es wäre sicher ein falscher Schluß, daß die Liebe und die Rücksichtnahme als Gegensatz zur Gewalt so viel seltener sich ereignen, daß sie gewissermaßen gegen die große Zahl der Gewalttaten nicht in Erscheinung treten. Es liegt wohl viel näher anzunehmen, daß die Menschen lieber von Gewalttaten lesen und hören und deren Folgen mitansehen als von guten Taten. Die klassischen Filme der Gewalt, die Western und ihre sich in Gewaltdarstellungen überbietenden Nachfahren, die Kriegsfilme, die Filme vom schlagkräftigen Karatekämpfer Bruce Lee oder gar die Horrorfilme vom Unhold Dracula bis hin zu King Kong haben einen unvergleichlich größeren Einspielerfolg als die schönsten Liebesfilme, einschließlich der Love Story.

Dem wäre nicht so, würde sich nicht Gewalt besser verkaufen als Gewaltlosigkeit und Liebe. Offenbar übt die Gewalt, sofern man sie miterleben kann, ohne unmittelbar von ihr betroffen zu werden, eine eigenartige Faszination aus, und es gibt keine Gewaltdarstellung in Illustrierten, Fernsehen und Kino, und sei sie noch so brutal, die nicht ihre Konsumenten fände, und keineswegs nur perverse.

Woher kommt dieses offenbar weit verbreitete Bedürfnis, Gewalt ohne persönliches Betroffensein mitzuerleben?

Dabei ist zu bemerken, daß im klassischen Western wie im klassischen Kriminalroman die Gewalt zunächst zur Manifestation des Bösen diente und der letztlich siegreichen, dem Guten zum Recht verhelfenden Gegengewalt Anlaß und Gelegenheit zur Bewährung verschaffte. Erst nach den letzten, sich übersteigernden Entwicklungen durfte im Kommerzfilm auch das Böse Triumphe feiern, die Gewalt war nicht mehr Mittel zur Darstellung des Sieges des Guten als gerechtfertigte Gegengewalt, die Darstellung der Gewalt hat sich verselbständigt.

Wir erleben aber die Gewalt nicht nur in dieser distanzierten, gefahrlosen Form als Nervenkitzel, der wir uns für den Preis einer Eintrittskarte in der Geborgenheit des Kinosessels oder daheim vor dem Fernsehapparat aussetzen, wir erleben sie auch in realen Berichten von übermütigen Gruppen Jugendlicher, vielleicht aufgeheizt von wilden Rhythmen einer Rockband, die Gewalt gegen Sachen üben und das Mobiliar des Veranstaltungsraumes zu Kleinholz machen oder schließlich auch sinnlos, aus nichtigem oder ohne jeden Anlaß Gewalt gegen einzelne harmlose Passanten verüben, abends auf der Straße oder in der U-Bahn. Woher dieses plötzliche sinnlose Zuschlagen ohne Grund und Anlaß?

Schließlich haben wir in den letzten Jahren in aller Öffentlichkeit die Gewalttaten von Terroristen erlebt. Auch diese uns tief beunruhigende Gewalt ist zunächst wenig verständlich und offenbar sinnlos, können ihre Vertreter doch wohl kaum davon ausgehen, durch einen solchen Mord dem angegebenen Ziel einer Verbesserung der Gesellschaftsordnung merkbar näher zu kommen, im Gegenteil.

Was steht hinter diesen Formen der Gewalt, deren Sinn zu erfassen zunächst nicht gelingen will und neben denen sich zwischenmenschliche Gewalt in alltäglicher Auseinandersetzung zwischen Menschen – die Ohrfeige des empörten Vaters, der Faustschlag ins Gesicht des Rivalen um die Braut und die Schlägerei zwischen zwei Raufbolden am Samstagabend in der Kneipe – direkt menschlich verständlich und bis zu einem gewissen Grade sinnvoll abhebt?

Gewalt, Aggressivität, Angreifen des Gegners ist im Tierreich in der Regel nicht sinnlos, sondern dient zur Verteidigung des Reviers, zum Schutz des Rudels gegen den gemeinsamen Feind oder auch zur Bekämpfung des Rivalen, zur Eroberung des Reviers und damit als Kampf um den Lebensraum für den Stärkeren. All dies läßt sich nur schwer auf das Verhalten des Menschen übertragen, und doch gibt es wohl eine ursprüngliche Gestimmtheit, die in der Tierwelt wie beim Menschen Anlaß zu Aggressivität und Gewalttätigkeit gibt: die Angst. Sie ist ein elementarer vitaler Instinkt, den wir als Menschen mit den Lebewesen des höheren Tierreiches durchaus teilen. Die Angst ist das lebenserhaltende Warnsignal vor der Gefahr, das die Tiere flüchten heißt oder die Gefahr zu vermeiden in die Lage versetzt. Wo die Angst fehlt, besteht Lebensgefahr. Tatsächlich kann die Angst aber nur auf zweierlei Weise bewältigt, d. h. beantwortet werden: durch Flucht oder durch Angriff, also durch Gewalt. Auch das wilde Tier in der Steppe wird den ihn bedrohenden Menschen nur angreifen, wenn es zur Flucht zu spät ist. Jede Angst, hervorgerufen durch ein identifizierbares bedrohliches Ereignis, veranlaßt Tier und Mensch zur Flucht, sofern eine solche noch möglich ist. Ist die Möglichkeit der Flucht abgeschnitten oder ist es zu spät dazu, bleibt nur der selbstverteidigende Angriff.

Tatsächlich besteht also ein enger Zusammenhang zwischen Aggression und Angst, so eng, daß man davon ausgehen kann, daß die Angst eine zwingende Voraussetzung für jede Aggression ist. Der Begriff der Aggression muß dabei eingeschränkt werden auf »Handlungen mit Schädigungsabsicht«, also nicht nur ein Aufeinanderlosgehen. Auch der Fisch im Aquarium verteidigt durch aggressives Verhalten gegen den Rivalen seine Aquariumsecke, weil er Angst vor dem Rivalen und vor dem Verlust seines kleinen Lebensraums hat.

In der Sprechstunde des Kinder- und Jugend-psychiaters haben in den letzten Jahren die Einweisungsgründe »Angst« und »Aggressivität« ziemlich gleichsinnig zugenommen, und die naheliegende Vorstellung, daß der aggressive Jugendliche sich ja eigentlich gerade durch das Fehlen der Angst auszeichne, wird sich bei näherem Hinsehen als falsch erweisen. Tatsächlich erleben wir auch in zunehmendem Maße Fluchtverhalten, sofern Flucht etwa in der offenkundigen Form des Weglaufens von zu Hause und des Schuleschwänzens möglich wird. Subtilere Formen der Flucht sind aktive Leistungsverweigerung, Schulphobie, Alkohol- und Drogenkonsum bis hin zum Selbstmordversuch und Selbstmord als den extremen Formen der Flucht vor der Angst.

Fliehen kann man aber nur vor dem konkreten angsterregenden Objekt, man muß wissen, was die Angst in uns hervorruft, um ihr entfliehen zu können. Wenn aber gar nicht genau festzustellen ist, von woher die Angst eigentlich kommt, wenn die Bedrohung von allen Seiten zu kommen scheint und wenn die Fluchtwege ihrerseits angsterregend sind, dann bleibt nur die Aggressivität, und da sie dem Ängstlichen einen Teil der Sicherheit und das Gefühl der Stärke wiedergibt, ist die Aggressivität der vitalere Weg der Angstbewältigung. Das gilt vor allem dann, wenn die Angst nur durch eine Zukunftsvorstellung ausgelöst ist. Vor den eigenen virtuellen Vorstellungen kann man nicht entfliehen. Da bleibt zur Bewältigung nur die Aggression, wenn man die Angst nicht mehr aushalten kann oder will. Sofern die Aggressiven bei dem Versuch der Angstbewältigung nicht in den Bereich der Kriminalität geraten, in welchem sie dann von der Gemeinschaft ausgegrenzt und aus dem ihnen der Rückweg zur Gemeinschaft fast unmöglich gemacht wird, haben die aggressiven Jugendlichen die bessere Sozialprognose gegenüber den fliehenden.

So liegt es nahe, daß die am Anfang genannte Form künstlich provozierter Angst, die Angst als Nervenkitzel im Western oder im Horrorfilm, nicht daher rührt, daß sich die Menschen beim Fehlen realer Bedrohung aus einer inneren Leere heraus gewissermaßen die Angst als spielerischen Nervenkitzel selbst verschaffen. Es liegt vielmehr daran, daß so der undefinierbaren Angst, der man ausgesetzt ist, konkreter Ausdruck verliehen, die Bedrohung aber gleichzeitig so weit distanziert werden kann, daß sie nicht zur ernsten Bedrohung wird. Es kann einem ja im Kino und vor dem Fernsehapparat nichts passieren.

Das würde heißen, daß die Faszination der Gewalt in Form des risikolosen Unterhaltungsspiels besonders dann gefragt und begehrt ist, wenn sich eine unfaßbare, nicht konkretisierbare und unnennbare Angst ausbreitet. Ihre künstliche, wenn auch scheinbare Realisierung bedeutet dann eine wenn auch nur vorübergehend wirksame Erleichterung und Entlastung.

Die Entladung sinn- und zielloser Gewalttätigkeit jugendlicher Rocker und Motorradbanden, die sich in gemeinsame Erregung hineingesteigert haben, gegen Sachen und Menschen, mag letztlich auch der Bewältigung einer für sie undefinierbaren, aber unerträglichen Angst dienen.

Dabei hängt zweifellos die Angstbereitschaft oder besser die Fähigkeit, Angst ertragen und ohne Aggressivität bewältigen zu können, davon ab, welche frühen Erfahrungen der einzelne mit seiner Umwelt, zunächst mit seinen Eltern und seiner Familie, dann mit Nachbarschaft und Schule und schließlich in Ausbildung und Beruf gemacht hat. War er in diesen ersten Lebensjahren wenig geschützt, erlebte er die Menschen um sich herum als bedrohlich und gefährdend, wird er dieser Welt immer eher mit Angst und Mißtrauen gegenüberstehen als derjenige, der das Glück hatte, aufgrund seiner Erfahrung mit sich und der Umwelt Zutrauen zu sich und Vertrauen zur Umwelt zu erwerben.

Dazu kommt, daß viele in ihrer Jugend gar nicht die Gelegenheit gehabt haben, ein anderes als aggressives Verhalten zu lernen. Frau Schönfelder, Jugendpsychiaterin an der Universität in Hamburg, berichtete schon vor Jahren über die jugendpsychiatrischen

Aspekte des sogenannten Rockertums und zeigte, daß gefühlsmäßige Mangelsituationen in der Frühkindheit, erzieherischer Rigorismus und fehlende Übermittlung sozial positiver Normen die Lebensgeschichte von Jugendlichen, die als gewalttätig auffallen, nahezu regelhaft bestimmen. Die aggressive Handlung spiegele oft genug ein Verhalten wider, das als Resultat eines langjährigen sozialen Lernvorganges, besser gesagt eines Fehllernens, angesehen werden müsse. Wenn die verbale und die tätliche Aggression die vorherrschende, wenn nicht gar alleinige Form der Kontaktaufnahme zwischen den Eltern ist, dann müssen die heranwachsenden Jugendlichen gegenüber sozialen Konflikten jeder Art hilflos sein, und ihre einzige Reaktion auf Frustrationen jeder Art, ja sogar auf jede Form der Gefühlsregung, ist die verbale und körperliche Aggressivität, der Fluch oder der gegebenenfalls sogar als positive Kontaktaufnahme gemünzte Stoß mit Faust oder Ellenbogen.

So ist es auch nicht verwunderlich, daß wir unter den Eltern, die wegen Kindesmißhandlung angezeigt werden, regelmäßig Menschen finden, die ihrerseits in ihrer Kindheit mißhandelt worden sind. Sie mißhandeln auch ihre Kinder wieder, nicht weil sie Sadisten wären, sondern weil sie eine andere Reaktions- und Bewältigungsweise nie erfahren und gelernt haben.

Viele Gewalttaten, ja Tötungsdelikte Jugendlicher sind letztlich allein darauf zurückzuführen, daß sie bei der Konfrontation mit ihrem späteren Opfer in eine Situation geraten sind, zu deren Bewältigung ihnen nur die Aggression zur Verfügung stand, weil sie das wesentliche Repertoire zwischenmenschlicher Kontaktaufnahme und Auseinandersetzung darstellte, das ihnen in ihrem Leben vorgelebt und anerzogen worden ist. Bei einer Untersuchung an 80 Jugendlichen oder Heranwachsenden, die einen Menschen töteten oder zu töten versuchten, waren es nur 21, also wenig mehr als ein Viertel, die die Tötung des Opfers auch wirklich beabsichtigt hatten. Drei Viertel dieser Jugendlichen waren der Konfliktsituation und einer sich ergebenden Auseinandersetzung nur dadurch gewachsen, daß sie über ihre Absicht hinaus aggressiv wurden und ihr Opfer töteten oder dessen Tod zumindest in Kauf nahmen. Jeder Kriminalbeamte weiß, daß bei einem bewaffneten Überfall oder einer Konfrontation immer derjenige am gefährlichsten ist, der die meiste Angst hat.

Aber auch diejenigen sind gefährlich, die nicht allein sind, sondern zu zweit, in der Gruppe oder in der Bande anderen gegenübertreten, die nicht zu ihrer Gruppe oder Bande gehören. Nicht nur, daß man sich in der Bande stark fühlt, auch in diesem Verband gibt es eine Angst, nämlich die Angst, die Gruppe zu verlieren, von ihr nicht auf- und angenommen zu sein, von ihr verachtet zu werden. Diese Angst führt dazu, tatsächliche oder vermeintliche Normen dieser Gruppe über die eigenen zu stellen, sie überzuerfüllen und mehr zu tun, als man glaubt, daß die anderen Mitglieder der Bande wohl von einem erwarten. Dadurch werden viele veranlaßt, vor den Kameraden mit ihrer Stärke, ihrer Aggression und Gewalttätigkeit zu prahlen, sie unter Beweis zu stellen und sie dort und so anzuwenden, wo und wie sie es niemals vermöchten, wären sie auf sich selbst gestellt und nicht den bewundernden oder auffordernden Blicken der Bande ausgesetzt.

Auch wenn im Einzelfall bei sinnlosem Randalieren und Gewalttaten jugendlicher Gruppen und Banden gegen Sachen und Menschen noch andere Gründe mitwirken können, spielt die Angst vor dem Alleinsein, die Angst vor dem Versagen und die Angst, die Achtung der anderen zu verlieren, eine große Rolle, ebenso wie die Unfähigkeit, sich anders zu äußern als durch Einsatz der Körperkräfte, durch Aggressivität und Gewalt.

Wie ist es aber bei der dritten hier berichteten Form der Gewalttätigkeit, beim politischen Terror (im 20. Jahrhundert), beim terroristischen Mord?

Die Angst ist offensichtlich nicht im Spiel, die Tötung sorgfältig geplant und nicht aus einer überraschenden Konfrontation mit nicht zu bewältigenden Situationen zu erklären. Auch stammt ein großer

Teil der wegen Terrorismus Gesuchten aus Familien, die man so gemeinhin als »gute Familien« bezeichnet, es sind Kinder von höheren Beamten, Lehrern, Pfarrern, ja unter den Terroristen finden sich überdurchschnittlich viele, die der Studienstiftung des Deutschen Volkes angehörten, d. h. ein Stipendium wegen Hochbegabung erhalten hatten. So wird man nicht davon ausgehen können, daß sie alle unter einem Mangel an Liebe und Geborgenheit gelitten haben und in Angst und Mißtrauen vor ihren Mitmenschen groß geworden sind. Im Gegenteil, von manchen wird ausdrücklich berichtet, wie zugewandt und sozial engagiert sie gewesen seien, bis sie sich dem Untergrund und der politischen Gewalttat verschrieben haben. Man wird davon ausgehen müssen, daß auch deren Eltern sich alle Mühe gegeben haben, ihre Kinder recht zu erziehen und zu verantwortlichen Staatsbürgern zu machen, daß sie ihnen nicht das Vorbild der Gewalt gegeben und die Möglichkeit zum Erlernen gewaltloser Auseinandersetzungen vorenthalten hätten. Es gibt keinen Hinweis darauf, daß sich unter ihnen mehr in der Kindheit emotional Vernachlässigte finden würden als sonst, eher im Gegenteil. Am Anfang der verhängnisvollen Entwicklung zur kriminellen Radikalität, zum Terrorismus, stand eigentlich immer die ebenso radikale und vorurteilslose Suche nach dem Guten und der Gerechtigkeit. Auf der Suche nach eigenen, von den Eltern unabhängigen Werten und Maßstäben und nach einem Wertsystem des Staates fielen auch die Schwächen und Mängel im Wertsystem der Eltern und die Diskrepanz zwischen Sollen und Sein, zwischen Forderung und Realisierung im Bereich des Staates auf. Sie engagierten sich, wenigstens in ihrem ursprünglichen Kern und zum großen Teil, für soziale Gerechtigkeit, für eine gesunde und unzerstörte Umwelt und für eine bessere Lebensqualität, freilich oft mit einem Ungestüm und einer Ungeduld wie auch mit einer Kompromißlosigkeit, wie sie eben dem Alter zwischen Elternhaus und sozialer Selbständigkeit, zwischen Reifezeit und Erwachsensein zu eigen ist.

Verfolgt man allerdings die Erfahrungen, die diese Jugendlichen in der Auseinandersetzung um das Gute, um die Gerechtigkeit und um die bessere Welt machen – und es ist dabei gleichgültig, daß viele diese Erfahrungen machen und glücklicherweise nur die wenigsten davon zu Terroristen werden –, dann wird plötzlich klar, daß es wiederum Angst ist, die manche von ihnen zur Gewalttat, zum Terrorismus treibt.

Da kann er zwar allenthalben von sozialer Gerechtigkeit reden, hören und lesen und muß dennoch erleben, daß es nicht wenige gibt, die auf Kosten anderer reich werden, daß Frauen für dieselbe Arbeit weniger Lohn erhalten und daß offensichtliche soziale Ungerechtigkeiten achselzuckend, wenn auch bedauernd als angeblich unvermeidlich hingenommen werden.

Da kann es sein, daß einer sich mit einer Bürgerinitiative nachdrücklich dafür einsetzt und sich in Aufrufen und Aktivitäten dafür engagiert, daß ein Naturgebiet erhalten und die Umwelt und die Bevölkerung nicht durch offenbar unkalkulierbare Risiken eines chemischen oder gar atomaren Industriewerkes gefährdet werden. Von denen, die für den Staat verantwortlich, die als Industrielle mächtig sind, hat es niemand verstanden oder sich auch nur bemüht, den Entscheidungsweg durchsichtig und eventuelle Notwendigkeiten deutlich zu machen. Der Jugendliche aber, der sich mit für ihn offenkundig überzeugenden Argumenten für die Erhaltung von Natur und für die Vermeidung von Gefahr und Krankheit einsetzt, muß erleben, daß seine guten Argumente und die seiner Mitstreiter wirkungslos verhallen, daß sie nicht ernst genommen und, noch schlimmer, daß sie gar als Staatsfeindlichkeit ausgelegt werden, nur weil er den gewählten Vertretern des Volkes und den Mächtigen im Staate nicht blindlings glaubt und vertraut, daß man seinen Kampf um das vermeintlich Gute als einen grundsätzlichen Kampf gegen den Staat interpretiert und ihn damit zunächst ins politische, dann ins gesellschaftliche Abseits stellt. Wenn er dann erleben muß, daß all seine eigenen Bemühungen und die seiner Gesinnungsgenossen ungehört verhallen und ihnen sogar Böswilligkeit unterstellt wird, dann liegt es ja nahe, daß er seinerseits diejenigen, die in Staat, Verwaltung und Wirtschaft das Sagen haben, die öffentliches und privates Interesse offenbar vermengen, beschuldigt, sich mit ihren Interessen, die gar nicht diejenigen des Volkes seien, gegen das Volk zu wenden. So ist es nicht unverständlich, daß gerade den Sensiblen ihre absolute Ohnmacht gegen die Macht dieses ihnen fremd gewordenen Staates und dieser vom Volk unabhängig erlebten Wirtschaft Angst verursacht und daß die Zukunft, auf die hin sie ihr Leben entwerfen, für sie bedrohliche Formen annimmt.

Das gilt ganz besonders, wenn den Jugendlichen ständig gesagt wird, daß sie nur bei außerordentlichen Leistungen eine Chance haben, einen Ausbildungsplatz zu bekommen oder eine erfolgreiche und sozial anerkannte Position zu finden. Sie verlieren jedes Selbstvertrauen und haben vor der Zukunft Angst, vor der sie nicht fliehen können.

So muß man sich fast wundern, daß nicht noch mehr dieser Jugendlichen diese Angst bewußt erleben und sie nicht durch die Flucht in die Resignation und Gleichgültigkeit zu bewältigen suchen, sondern in der Aggression, im kriminellen Radikalismus, im Terrorismus überwinden wollen.

Es ist eigentlich erstaunlich, und es spricht ebenso

für einen guten Realitätssinn wie für ein nicht geringes Maß an Indolenz, daß doch der größte Teil der Jugendlichen dieser Generation, die so etwas an der Schwelle zu ihrer Zukunft erleben, von dieser Angst nicht berührt werden und diese Bedrohung nicht empfinden.

Die ständige Diskrepanz zwischen politischer Forderung, vielfältig in programmatischen Erklärungen der verschiedensten Parteien verkündet, und ihrer Realisierung, das bewußte Miterleben, wie offensichtlich von allen als notwendig anerkannte Richtlinien und Gesetze allein aus politischen und parteitaktischen Gesichtspunkten blockiert werden, muß eine unerhörte Herausforderung für sensible Jugendliche sein, die sich um ihre Zukunft kümmern. Bietet nicht unser Gemeinwesen viele Schwächen und Widersprüche dieser Art? Der Hinweis, daß es in anderen Staaten und Gemeinwesen nicht besser, sondern noch schlechter sei, kann einen Jugendlichen schwerlich von seiner Forderung abbringen, daß es dennoch besser werde, daß man sich zumindest bemühen sollte, den laut geäußerten Forderungen auch zu entsprechen. Was können wir den Jugendlichen sagen, wenn sie nach der viel berufenen sozialen Gerechtigkeit fragen, angesichts steigender Arbeitslosigkeit, angesichts zunehmender Einkommensdifferenz zwischen einer kleinen Schar, die immer reicher wird und sich alles leisten kann, und ciner anderen, die dahinter weit zurückbleibt? Dabei kann der Hinweis, daß die weniger Verdienenden gar nicht unzufrieden seien, nicht darüber hinweghelfen, daß es eine Ungerechtigkeit ist, wenn Lohn und sozialer Status einem tatsächlichen Leistungsvergleich nicht mehr standhalten.

Oder was soll man ihnen sagen über die immer größer werdende Kluft zwischen dem Lebensstandard der reichen Industrienationen und der Tatsache, daß Millionen Menschen auf der Erde hungern? Der Hinweis, daß dies doch nicht uns betreffe, sondern sich am anderen Ende der Erde abspiele, erscheint wenig glaubwürdig, wenn das Fernsehen uns das andere Ende der Erde jeden Tag ins Haus bringt, wenn wir uns also nur den Nervenkitzel des Unglücks der anderen leisten, uns aber nicht zur Hilfe wirklich aufgerufen fühlen.

Was sollen wir ihnen sagen auf die Frage, wer eigentlich in der Welt regiere? Dabei ist die fast wahnhafte Vorstellung, es seien einige wenige Multis auf der Welt, die, erbarmungslos und nur auf ihren Profit und ihre Macht bedacht, die Fäden zögen, ebenso wenig befriedigend wie die Vorstellung, daß die Regierungen der Länder, im demokratischen Patt mehr oder weniger von den Gesetzen des Zufalls gesteuert, auf die Probleme der Welt nur noch reagieren und nicht mehr agieren. Dabei ist es gerade die erlebte Ohnmacht des einzelnen, welche den Jugendlichen radikale Lösungen nahelegt. Die viel berufene demokratische Freiheit und die Souveränität des Volkes wirken kaum überzeugend angesichts der Tatsache, daß man allenfalls alle vier Jahre auf später nie eingehaltene Versprechungen hin seine Wählerstimme abgibt, um dann weitere vier Jahre keine Einflußmöglichkeit mehr zu haben. Um so mehr, als der Spielraum der Entscheidungen gering geworden ist und niemand behaupten wird, daß beim Pendeln der Stimmenanteile um die 50-Prozent-Marke wirkliche Alternativen auf dem Spiel stehen.

So ist es auch hier eine unfaßbare und eine scheinbar unumgängliche Bedrohung, die Anlaß zu Aggressivität und zu Gewalt gibt und schließlich den Glauben entstehen läßt, daß nur die Gewalt und der Terror etwas zu ändern vermögen.

Dabei sind es nicht nur die Jugendlichen, die Angst vor der Zukunft haben, sondern es ist groteskerweise auch der Staat und somit diejenigen, die ihn vertreten, politische Verantwortung tragen und Gesetze machen, die Angst haben und ihre Zuflucht zur Gewalt nehmen. Denn auch die legitime Gewalt, die sich auf Gesetzesnormen stützen kann, wird als Gewalt erlebt, zumindest von dem, der unter dieser Gewalt, unter dieser Einengung seiner Freiheiten leidet und die Notwendigkeiten dieser legitimierten Gewalt nicht einzusehen vermag.

Der Staat aber reagiert mit Angst auf die Bedrohung durch eine Handvoll rücksichtsloser, in ideologischer Einengung befangener Terroristen und antwortet mit Gegengewalt, nicht nur gegen diejenigen, die ihn wirklich bedrohen, sondern weit darüber hinaus und überschießend gegen all jene, die ihn vielleicht irgendwann einmal möglicherweise bedrohen könnten, indem er bereitwillig auf freiheitliche Grundrechte verzichtet, sie einschränkt. Er setzt lieber einen überwältigenden Apparat an Kontrolleuren ein, als das Risiko einzugehen, es könnten einige in den Dienst des Staates eintreten, die ihm zu dienen im Grunde nicht bereit sind, aus Angst, diese Handvoll könnte ihm gefährlich werden. Ein Gemeinwesen, dessen öffentliche Vertreter durch solch ängstliche Reaktionen überschießend mit Staatsgewalt antworten und auch konstruktive Kontrolle und Kritik ängstlich als Angriff auf den Staat mißdeuten, kann für Jugendliche kaum identifikationsfähig sein. Einem Jugendlichen, der Gleichheit, Gerechtigkeit, Menschlichkeit und Gemeinnutz verwirklichen möchte, kann der Staat, der sich gegen eine Handvoll aggressiver Wirrköpfe nach innen einigelt, nicht identifikationsfähig sein, auch wenn er der beste in der näheren und weiteren Nachbarschaft wäre. Churchill soll einmal gesagt haben, die Demokratie sei die schlechteste Staatsform, die er kenne, er kenne aber keine bessere. Solche resignativen Erkenntnisse eines alten Mannes können Jugendliche nicht überzeugen. Aus dieser Ohnmacht und Angst des einzelnen resultiert aber auch schließlich in einer Art Verzweiflung der Glaube an die Gewalt. Zumindest haben es die Prediger der Gewalt leicht, glauben zu machen, daß ein Staat, der sich nur alle vier Jahre legitimieren lasse, um dann unangreifbar schlechte Gesetze zu machen, nur mit Gewalt verbessert werden könne, ja daß dieser ja selbst Gewalt ausübe. Den grundsätzlichen Unterschied zwischen legitimer und illegitimer Gewalt zu erfassen, dazu hat unser Erziehungs- und Bildungssystem unsere Kinder nicht befähigt. Wir sehen oft auch nicht, daß Gewalt nur dadurch legitimiert sein kann, daß sie Gerechtigkeit verwirklicht. Wo sie Ungerechtigkeit auch nur zuläßt, muß es den jugendlichen Gerechtigkeitsfanatikern schwerfallen, sie noch als legitim anzuerkennen und zu achten. Daß es gar keine Gewalt geben kann, die alles Unrecht verhindert, gehört zu den resignierten Feststellungen, die man erst allmählich erwirbt, hinter denen sich aber noch häufiger Bequemlichkeit, Desinteresse und fehlendes Engagement verbergen. Die Jugendlichen sind nicht bereit und sollten in einer gesunden Entwicklung auch nicht bereit sein, das Schlechte in ihrer unmittelbaren Umgebung wie auch im Bereich der Politik und des Zusammenlebens der Menschen überhaupt einfach als gegeben und unabänderlich hinzunehmen. Aus dieser Suche nach mehr Gerechtigkeit und ihrer Verwirklichung entsteht zunächst der politische Radikalismus, aus dem heraus sich z. B. vor gut hundert Jahren die Nihilisten und Anarchisten um die Schaffung einer besseren Welt bemühten. Daß sich an diesem Feuer einer Utopie manche Neurotiker und abnorme Charaktere ihre Hände wärmen und manch nüchterner Politiker und auch Geschäftemacher seine Suppe kocht, spricht nicht gegen den ehrlichen Ansatz, von dem viele Jugendliche ausgehen. Ihr primär ehrlicher Ansatz zur Besserung des Gemeinwesens wird von der Gemeinschaft aus Angst vor dem Risiko einer Veränderung als Bedrohung empfunden. Das aber, was eine Gemeinschaft fürchten muß und von dem sie glaubt, es sei für die eigene Existenz bedrohlich, das erklärt sie durch Gesetz für gemeinschaftswidrig, d. h. für kriminell. So ist die Ausgrenzung in die Kriminalität eine typische Form der Angstabwehr. Je mehr Strafgesetze notwendig sind, je mehr Taten und Handlungen im Gesetz als kriminell festgelegt sind, desto unsicherer ist das Staatsgefüge und desto mehr meint es, sich gegen seine Bedrohung von innen und außen schützen zu müssen, desto mehr glaubt der Staat an die Gewalt.

So läßt sich die Gewalt in uns und um uns herum, wenn nicht ausschließlich, so doch in weiten Bereichen letztlich immer zurückführen auf eine nicht zu bewältigende Angst, letztlich auf die Angst vor dem Verlust dessen, was man erreicht hat, die tatsächliche

oder vermeintliche existentielle Sicherheit. Solange
diese konkret bedroht ist, in den Zeiten des Krie-
ges und in den Jahren danach mit ihrer Bedrohung
durch Hunger und Armut, ist auch die Angst kon-
kretisiert, ihr Anlaß überschaubar und ihre Bewältigung durch Gewalt nicht notwendig. Mit der Zunahme äußeren Wohlstandes und scheinbarer oder
tatsächlicher Sicherheit, eingebettet in Wohlstand,
Wachstum, Schutz, Versicherung und Rückversicherung, wächst die unbestimmte Angst vor einer Bedrohung dieser Sicherheit, vor ihrem Verlust. Darum
ist uns die gefahrlose Realisierung der Bedrohungen
in Grusel- und Horrorfilmen eine faszinierende Entlastung, sind uns die scheinbar motivlosen und so
unverständlichen Aggressionen jugendlicher Banden
ein Ärgernis, das den Ruf nach Gegengewalt in uns
weckt. Deswegen ist aber auch der Terrorismus so
schockierend, weil er die unbestimmten Urängste
vor dem Verlust der Sicherheit außerhalb unserer
persönlichen Betroffenheit im Bereich des Staates,
der Organisation unseres Gemeinwesens weckt.
Deswegen ließen wir auch schockiert und widerspruchslos zu, daß die Vertreter unseres Gemeinwesens, der Staat seinerseits mit Gegengewalt antwortete, statt mit dem Selbstbewußtsein des Sicheren
Sicherheit auszustrahlen und zu bieten. Die ängstliche Reaktion des Staates weckt wieder Angst bei
seinen Bürgern und ihre Bereitschaft, aggressiv, d. h.

mit Gewalt zu reagieren und an die Gewalt als das Mittel zur Erhaltung unserer Sicherheit zu glauben.

Der Glaube an die Gewalt ist aber, wie wir gesehen haben, kein Glaube. Die Gewalt als Instrument zum Erfolg ist eine harte Realität und eine tägliche Erfahrung. Was not tut, ist vielmehr der Glaube an die Gewaltlosigkeit, und unsere Aufgabe ist es, diese für uns und unsere Mitmenschen allmählich zur Erfahrung werden zu lassen. Der Glaube an die Gewaltlosigkeit ist dabei nicht nur die Alternative zur illegalen Gewalt, sondern auch zur legalen Gewalt, dort, wo sie auf ihre Anwendung verzichten könnte, auch wenn sie im Recht wäre.

Die grundsätzliche Bereitschaft zum Verzicht auf Sicherheit mindert die Angst vor ihrem Verlust. Eine Minderung der Angst vor Verlust vermeidet Gewalt und schafft eine neue Sicherheit.

Vorbeugen ist besser als vorbestrafen

Der Wert- und Eigentumsbegriff beim Kind ist nicht angeboren, sondern er wird etwa mit dem dritten bis vierten Lebensjahr allmählich erlernt. Bis dahin hat das Kind kaptative Tendenzen, einen gewissen Besitztrieb. Das Kleinkind ergreift, was seine Aufmerksamkeit erregt, es möchte haben und festhalten, und erst im Kontakt mit anderen Kindern lernt es unterscheiden zwischen mein und dein und lernt schließlich auch den Besitz des anderen respektieren. Es ist also die Intelligenz des Kindes, die sich gegen den Trieb, etwas zu besitzen, wenden und durchsetzen muß. Das Lernen geschieht vorwiegend am Vorbild und aus der Gewissensbildung heraus. Die Gewissensbildung aber hängt eng zusammen mit einer allgemeinen Kontaktfähigkeit und dem Verhältnis zu den Bezugspersonen. Das Respektieren des anderen und seines Besitzes hängt damit zusammen, ob das Kind überhaupt lernt, seinen Mitmenschen zu respektieren. Dies lernt das Kind aber nur dann, wenn es einen Partner erlebt hat, den es selbst lieben kann.

Kindliche Diebstähle erwachsen so aus verschiedenen Gründen: Es gibt den Diebstahl aus mangelndem Vorbild oder aus Verwahrlosung. Wo die Eltern stehlen, wo die Umwelt stiehlt, kann von den Kindern keine Respektierung des fremden Eigentums erwartet werden. Dies wurde zum Beispiel in den Nachkriegsjahren mit der damaligen Verwischung des Eigentumsbegriffes, dem »Organisieren«, deutlich. In subtilerer Weise gilt es auch für Kinder, die bewußt erleben, daß die Eltern etwa am Zoll betrügen oder die Steuer hinterziehen oder Gebrauchsgegenstände des Nachbarn bedenkenlos mitbenutzen.

Diebstähle entstehen aber auch aus Krankheit: Geistig behinderte Kinder haben es schwerer, die Grenze des Eigentums zu erlernen und zu respektieren, ebenso Kinder, die aufgrund hirnorganischer Erkrankungen, etwa in Zuständen nach Gehirnentzündungen, in ihrer Hemmungsfähigkeit behindert sind.

Schließlich kann es zu Diebstählen aus individuell gestörter Umweltbeziehung heraus kommen, aus einer kindlichen Neurose in Gestalt sogenannter neurotischer Diebstähle.

Die Entwicklung des Eigentumsbegriffes ist darüber hinaus auch von den soziokulturellen Gegebenheiten der Gemeinschaft, in der die Kinder aufwachsen, mitbestimmt. So konnte Erikson die engen Beziehungen aufzeigen, die zwischen der Ausprägung des Eigentumsbegriffes und der Bereitschaft, herzugeben, zu nehmen und zu behalten, bestehen und von der Art der frühkindlichen Aufzucht der Kinder und dem unterschiedlichen Stillverhalten der Mütter abhängen, wobei jeweils die spezifischen Bedürfnisse der Gesellschaft dafür verantwortlich zu machen sind. So muß der Eigentumsbegriff bei einem nomadisierenden Volk, für das Besitzanhäufung nur eine Behinderung darstellen würde, sich anders entwickeln als bei einem seßhaften und Vorräte anlegenden Volksstamm.

Es ergibt sich daraus, daß die Entwicklung des Eigentumsbegriffes und seine Stabilität sowohl vom unmittelbaren Vorbild der die Kinder und Jugendlichen umgebenden Erwachsenen abhängen wie auch von der Wertsetzung der gesamten Gesellschaft, in der die Jugendlichen und ihre Umgebung leben.

Außer einer Instabilität des Eigentumsbegriffes bei den Kindern und Jugendlichen spielen erfahrungsgemäß bei Ladendiebstählen wie auch bei Mopeddiebstählen noch weitere Faktoren eine wesentliche Rolle:

1. Das Vorbild der Kameraden, Freunde und Jugendgruppen, mit denen die Jugendlichen zusammenleben,

2. eine Verschiebung der Werteskala zwischen Beachtung des Eigentums einerseits und Bestehen einer Mutprobe bzw. Anerkennung durch die Gruppe der Jugendlichen andererseits,

3. eine Veränderung der Situation hinsichtlich der Zuordnung des Eigentums und des Besitzes.

ad 1: Auch das Vorbild der Eltern – das hinsichtlich des Eigentumsbegriffes einmal als eindeutig und zustimmend unterstellt werden soll – reicht in einer bestimmten Altersphase nicht mehr aus, das Vorbild der Jugendgruppen, denen sich das Kind oder der Jugendliche angeschlossen hat, auszugleichen. Diese Jugendgruppen neigen dazu, eigene Wertgesetze und Wertskalen aufzustellen, die für die Jugendlichen, zumindest solange sie mit der Gruppe zusammen sind, Verbindlichkeitscharakter erhalten und höhere Gewichtung erfahren als die vom Elternhaus mitgegebenen Wertnormen. Sind diese schon vom Elternhaus her labil oder ist die Verpflichtung dem Eltern-haus gegenüber wegen einer Störung der Eltern-Kind-Beziehung ohnehin herabgesetzt, gewinnen die Normen der Gruppe ein starkes Übergewicht, ja viele Jugendliche sind gar nicht in der Lage, sich diesen Normen zu widersetzen, da dies gleichbedeutend wäre mit einem Ausscheiden aus der Gruppe. Dies aber bedeutet für manche Jugendliche eine existentielle Bedrohung, da sie neben den Jugendlichen keine positiven Bezugspersonen haben. Der Verzicht auf die Gruppe und die Ablehnung ihrer Normen ist für viele Jugendliche gleichbedeutend mit einer völligen sozialen Isolierung.

ad 2: In manchen Fällen wird der Ladendiebstahl

zu einer von der Gruppe und der Gruppennorm geforderten Mutprobe, als Beweis der Fähigkeit, sich gegen die Wertnormen der Erwachsenen aufzulehnen und das Risiko des Ertapptwerdens zu bestehen. Aus den Erfahrungen des Ladendiebstahls entstehen dann, wenn das Kind oder der Jugendliche dabei nicht sofort oder alsbald ertappt wird, Gewöhnungen. Das Risiko wird zunehmend geringer eingeschätzt, und die Befriedigung eigener Wünsche erscheint zunehmend leichter. In diesem Stadium können der Gruppendruck und die veränderten Wertnormen der Jugendlichengruppe völlig in den Hintergrund getreten sein. Das Verhaltensmuster »Ladendiebstahl« hat sich weitgehend verselbständigt.

ad 3: Entscheidend ist aber eine Veränderung der Möglichkeit der Zuordnung des Eigentums und des Besitzes. War in früheren Jahrzehnten, was bewegliche Güter anlangt, auch für jedes Kind evident, welcher Person der gewünschte und zum Diebstahl anregende Gegenstand gehört, war diese Person, wenn nicht dem Kind persönlich bekannt, so doch als konkrete Person ohne weiteres vorstellbar, so ist dies im Rahmen der Einrichtung der Supermärkte, Großkaufhäuser, Banken usw. zunehmend unmöglich geworden. Für ein Kind oder einen Jugendlichen ist der »Herr Kaufhof« kein Begriff, ebensowenig wie für den Bankräuber die »Deutsche Bank« oder ein sonstiges Institut. Ist im engeren Lebensraum der

Familie für ein Kind jederzeit klar, wer durch seinen Diebstahl geschädigt ist, ist dies nicht nur für Kinder und Jugendliche, sondern selbst für Erwachsene im Falle von Supermarktdiebstählen und auch im Falle eines Bankraubes kaum mehr einsichtig. Tatsächlich wird ja auch eine Einzelperson in aller Regel nicht mehr geschädigt.

Selbst bei einem Bankraub tritt ein konkreter Schaden gar nicht ein. Weder der beraubte Kassierer muß das Geld ersetzen noch der Direktor der Bank. Der Schaden wird von der Versicherung übernommen, die das erhöhte Risiko durch Rückversicherung und Erhöhung der Prämien so weit ausgleicht, daß ein Schaden für die Versicherung nicht entsteht. Die höheren Versicherungspolicen werden aber von den Banken wie von den Supermärkten als Gemeinkosten auf die Verbraucherpreise abgewälzt, so daß letztlich der Verbraucher, d. h. der Laden- oder Bankkunde, das erhöhte Risiko trägt. Diese abstrakte Vorstellung mit der hochgradigen Verteilung des durch den Diebstahl verursachten Schadens läßt die Höhe des Schadens tatsächlich als sehr gering erscheinen und macht die persönliche Konkretisierung eines Geschädigten unmöglich. Ein Schaden entsteht nur noch in der Abstraktion.

Durch diese Änderung der Möglichkeit, Besitz und Eigentum zu personifizieren, ist eine wesentliche Hemmungsschranke gegenüber Ladendieb-

stählen gefallen. Aber selbst wo noch eine Personifizierung möglich ist, ist diese Person, der ein oder
mehrere Supermärkte und der für den Jugendlichen unermeßlich erscheinende Inhalt gehören, so
unvorstellbar reich, daß auch hier eine echte Hem-
mungsvorstellung wegen der Wegnahme eines nur
wenig kostenden Gegenstandes nicht aufkommen
kann.

Korrespondierend zu dem so bedingten Abbau
der Stabilität des Eigentumsbegriffes bei Kindern
und Jugendlichen hat sich das Verkaufsverhalten
der Ladengeschäfte, insbesondere der Supermärkte,
grundlegend geändert. War noch vor zwei Generationen der Verkauf über den Ladentisch die Regel,
bei dem der Käufer sorgfältig abgeschirmt und getrennt war von der Ware, die der Verkäufer hinter
dem Ladentisch gewissermaßen persönlich hütete,
ist durch die Verkaufsstrategie der Supermärkte und
auch der kleineren Läden heutzutage die unmittel-
bare Konfrontation und Berührung des Käufers mit
der Ware angestrebt worden, um damit den Kauf-
wunsch und den Konsum erheblich anzuregen. Ja es
gibt gezielte Verkaufsstrategien, die darauf ausgerichtet sind, den Käufer ausdrücklich in Versuchung
zu führen und seine Begehrlichkeit zu wecken. Dies
geschieht nicht nur durch eine entsprechende Reklame und Aufmachung, sondern vor allem durch die
Möglichkeit des unmittelbaren Kontaktes, die Mög-

lichkeit, die Gegenstände in die Hand zu nehmen und zu prüfen. Dabei wird systematisch der Kaufweg in einem Supermarkt so gelegt, daß der Käufer beim Einkauf möglichst an sämtlichen Waren vorbeigehen, sich zwischen ihnen hindurchschlängeln muß, bis er zur Kasse kommt.

Die Versuchung ist daher gerade für Kinder und Jugendliche, aber keineswegs nur für diese, außerordentlich gesteigert worden. Es muß klar festgestellt werden: Der Käufer wird zum Diebstahl provoziert.

Dazu kommt, daß das tatsächliche Risiko des Diebstahls dadurch stark herabgesetzt wurde, daß die Gefahr, ertappt zu werden, im Gedränge des Supermarktes oder bei der Kleinheit der Ware im Ladengeschäft oder auch im Buchhandel sehr klein ist beziehungsweise Strategien, einer Entdeckung zu entgehen, leicht gemacht sind.

Im früheren deutschen Militär gab es das Delikt der »Verleitung zum Kameradendiebstahl«. Nahm ein Soldat etwas aus dem unverschlossenen Spind seines Kameraden, so wurde der Spindbesitzer und Bestohlene ebenfalls wegen »Verleitung zum Kameradendiebstahl« bestraft, weil er es versäumt hatte, seinen Spind abzuschließen, und damit wesentlich dazu beigetragen hatte, daß sein Kamerad in Versuchung geführt und straffällig wurde.

Die Wertwelt unserer Gesellschaft hat sich in den letzten Jahrzehnten zweifellos in Richtung auf eine

Konsumgesellschaft wie auch eine Besitzgesellschaft hin entwickelt. Der Besitz von Geld, die Möglichkeit zum großzügigen Verbrauch, der Besitz bestimmter wertvoller Gegenstände ist bei uns für das Sozialprestige immer bedeutungsvoller geworden. Der Besitz eines schicken Autos ist ebenso bedeutungsvoll wie der eines Eigenheimes, schöner Möbel, Teppiche, Kleidung usw. Auf das Niveau der Jugendlichen übertragen bedeutet dies, daß der Besitz wenigstens eines für Jugendliche gerade zugelassenen Kleinmotorfahrzeugs zur Erhöhung des Status in der Gruppe ebenso von entscheidender Bedeutung ist wie der Besitz von in jugendlichen Kreisen als wertvoll angesehenen Geräten, wie Kassettenrecorder usw.

Das Kind und der Jugendliche kommen in eine Zwangssituation, die durch folgende äußere Zwänge begrenzt ist:

1. Zunehmende Wertigkeit des Besitzes,
2. fehlende Personifizierung des Eigentümers von Supermärkten, Verkehrsbetrieben, öffentlichen Einrichtungen und Banken,
3. verstärkte Versuchungssituation und Provokation des Diebstahls,
4. bei einem größeren Teil von Jugendlichen: herabgesetzte Bindung an die den klassischen Eigentumsbegriff tradierenden Eltern zugunsten einer Bindung an die neue Wertnormen setzende Jugendgruppe.

Die Anforderungen an die Kinder und Jugendlichen, Eigentum zu respektieren, und die Versuchung zur kurzfristigen Befriedigung von Besitzwünschen sind gegenüber früheren Jahren in enormem Maße gestiegen.

Diese Steigerung der moralischen Anforderung an die Kinder und Jugendlichen ist aber nicht von diesen zu verantworten. Sie ist vielmehr von den Erwachsenen verursacht worden, und zwar ausschließlich zum Ziele der Steigerung des Konsums und der Erhöhung des Umsatzes.

Den Zahlen der Kriminalstatistik kann nichts entgegengesetzt werden. Bemerkenswert erscheint allerdings, daß im Bereich einer kinder- und jugendpsychiatrischen Ambulanz und Erziehungsberatungsstelle der Anteil der wegen Diebstählen vorgestellten Kinder und Jugendlichen in der Zeit von 1960 bis 1975 in einer Größenordnung von etwa 4 Prozent der vorgestellten Patienten im wesentlichen konstant geblieben ist. Diese Diskrepanz zwischen tatsächlichem Anstieg der Diebstähle bei Kindern und Jugendlichen und der prozentualen Konstanz der wegen dieser Verhaltensweise vorgestellten Kinder und Jugendlichen könnte dadurch erklärt werden, daß auch die Erziehungsberechtigten keinen Anlaß sehen, aus diesen Verhaltensweisen eine psychische Störung abzuleiten, d. h., daß auch die Erziehungsberechtigten möglicherweise die Ursachen des Anstiegs der Ladendiebstähle in Faktoren begründet sehen, die nicht im Kind gelegen sind, sondern in der Umwelt, oder daß die Erziehungsberechtigten diesen Delikten weniger grundsätzliche Bedeutung beimessen.

Zur Feststellung, es handle sich beim Ladendiebstahl um eine »Einstiegskriminalität mit Haftwirkung«, ist zu bemerken, daß nach einer Untersuchung von Kleinsorg aus dem Jahre 1969 bei einer Nachuntersuchung von Kindern, die wegen Diebstählen oder Naschen einer kinder- und jugendpsychiatrischen Ambulanz vorgestellt wurden, später nur 30 Prozent dieser Gruppe wegen Eigentumsdelikten gerichtlich belangt, d. h. einschlägig straffällig wurden. Ein prognostisch ungünstiges Faktum war dabei die Unvollständigkeit der Familien.

In einer ähnlichen Untersuchung von Ellinger aus dem Jahre 1970 über die prognostische Bedeutung von Eigentumsdelikten bei Jugendlichen, also bei solchen, die im strafmündigen Alter Eigentumsdelikte begangen haben, ergab sich bei Jungen eine Rückfallquote von etwa $2/3$, bei Mädchen eine solche von etwa $1/5$. Als prognostisch negativ erwiesen sich dabei ebenfalls ungeordnete Familienverhältnisse, insbesondere gestörte emotionale Beziehungen innerhalb der Familie, niedrige Intelligenz, niedriger sozialer Status und sonstige psychische Auffälligkeiten. Desgleichen schlechte schulische und berufliche

Leistungen, insbesondere in Verbindung mit Schuleschwänzen oder häufigem Wechsel des Arbeitsplat-
zes.

Man kann den Ladendiebstahl demnach nicht
ohne weiteres als Einstieg in eine spätere Rückfall-
kriminalität werten. Die Faktoren für eine kriminelle Laufbahn liegen vorwiegend in familiären und
allgemein sozialen Faktoren.

Das Bemühen, die erhebliche Steigerung der moralischen Anforderung an die Kinder und Jugendlichen durch vermehrte schulische Information über
den Diebstahlsbegriff und seine Abgrenzung auszugleichen, erscheint gegenüber den geschilderten
Bedingungen, welche diese erhöhten moralischen
Anforderungen verursachen, von vornherein zum
Scheitern verurteilt. In aller Regel wissen die Jugendlichen sehr genau, daß der Ladendiebstahl eine straf-
bare Handlung ist. Nachträgliche Stellungnahmen
der Jugendlichen sind sekundäre Rationalisierungen
und Entschuldigungen vor sich selbst und betreffen
im wesentlichen nur die Abstufung des Unrechtsge-
haltes, wobei sie für den Ladendiebstahl in Anspruch
nehmen, daß sein Unrechtsgehalt vergleichsweise gering sei. Die Vermittlung von Wissen über den Diebstahl und seine Folgen genügt nicht, hier eine Ver-
haltensänderung zu bewirken, um so weniger, als die
konkrete Erfahrung des relativ geringen Risikos eines Ladendiebstahls und seiner weiten Verbreitung

unter den Altersgenossen einer solchen rein verbalen Information entgegensteht.

Eine neue Wertsetzung kann aber im Unterricht nur dann erfolgen, wenn es den Lehrkräften gelingt, sich zum »Identifikationsobjekt« des Jugendlichen zu machen, was in diesen Altersstufen in der Regel kaum mehr möglich ist. Nur wenn der Jugendliche jemandem zuliebe, den Eltern, dem Lehrer oder einer anderen Person zuliebe, auf die Befriedigung seines Besitzwunsches verzichtet und dessen Wertmaßstäbe zu übernehmen bereit ist, kann er der vermehrten Versuchung widerstehen. Die Wertmaßstäbe wie auch die persönliche Bindung und Beziehung als Voraussetzung zur Übernahme dieser Wertmaßstäbe der Erwachsenen durch die Jugendlichen werden erfahrungsgemäß bereits in der frühen Kindheit, d. h. im wesentlichen in der Vorschulzeit, gesetzt.

Eine entsprechende Information müßte sich daher vor allem an die Eltern kleiner Kinder richten mit entsprechenden Erziehungshilfen, wobei die frühzeitige Ermöglichung der Eigentumsbildung bei Kindern mit der entsprechenden Ausgewogenheit gegenüber der Bereitschaft zu schenken und herzugeben geschaffen werden müßte. Solange die Forderung »Geben ist seliger denn Nehmen« in der Erwachsenenwelt nicht Allgemeingut wird, kann diese in bezug auf den Eigentumsbegriff gegenüber den Kindern nicht normsetzend wirken.

Eine Eindämmung der Ladendiebstähle kann nur durch eine Einschränkung der Versuchungssituation erreicht werden. Solange die Supermärkte und Großeinkaufszentren nicht darauf verzichten können, die Ausstellung der Ware ausdrücklich zur Versuchungssituation zu gestalten, müssen sie auch die Quote der Ladendiebstähle durch Kinder und Jugendliche widerspruchslos in Kauf nehmen. Sie machen sich damit allerdings mitschuldig an der Demontage des Eigentumsbegriffes bei Kindern und Jugendlichen mit allen für den Einzelfall unter Umständen kriminogenen Folgen.

Es wäre daran zu denken, den Kindern das Betreten eines Einkaufszentrums bis zu einem gewissen Alter grundsätzlich zu verbieten. Des weiteren wäre zu prüfen, wieweit für Kinder und Jugendliche besonders attraktive Ware weniger »griffbereit« aufzustellen wäre. Es gibt genug Ware, die für Jugendliche keinen Anreiz zum Diebstahl bedeutet. Allerdings müßte der Einzelhandel auch dafür bereit sein, auf einen entsprechend erhöhten Umsatz in diesem Bereich zu verzichten.

Dies wäre zum Schutz der Jugend ausdrücklich zu fordern.

Das Risiko

Morgens beim Frühstück las ich in der Zeitung unter der Überschrift »Geländer in Schulen müssen rutschfest sein«, der Bundesgerichtshof habe die Meinung eines Oberlandesgerichtes für irrig erklärt, eine Haftpflicht des Schulträgers bestehe nicht, wenn einzelne Schüler in voller Erkenntnis der Gefahr und durch mutwilliges Handeln die Gefährdung erst hervorriefen – in diesem Fall die Gefahr des Absturzes bei dem bei Kindern und Jugendlichen, seit es Treppengeländer gibt, so beliebten Geländerrutschen. Der Schulträger müsse vielmehr, so der VI. Zivilsenat des BGH, dafür sorgen, daß selbst durch Mißbrauch und Übermut erst gar keine gefahrenträchtigen Situationen für Schüler entstehen.

Wenig später saß ich in der Verhandlung eines Jugendschöffengerichtes. Es ging um einen jungen Mann, neunzehnjährig, der u. a. eine Serie von Einbruchdiebstählen in Diskotheken und Bars begangen hatte. Auf die Frage des Vorsitzenden, ob er, der Angeklagte, der doch meist die Besitzer der Bars und Diskotheken persönlich gut gekannt habe, denn so bedenkenlos seine Freunde habe schädigen können, antwortete dieser, er habe sie ja nicht geschädigt, sie seien doch alle versichert gewesen. Er sagte dies keineswegs zynisch, sondern durchaus gutmütig und in ehrlichem Bemühen, einen auch von ihm zu akzeptierenden moralischen Vorwurf abzuwehren.

Was haben die beiden Erfahrungen dieses Vormittags miteinander zu tun? – Zunächst wohl nicht viel. Bei näherem Nachdenken verbinden sie sich jedoch sehr eng zu der beunruhigenden Frage: Was ist das für eine Welt, in die Kinder und Jugendliche bei uns hineinwachsen?

Zum einen: Sie erleben eine immer geschütztere und risikofreiere Welt, wenigstens, was das körperliche Risiko betrifft – das seelische Risiko dieser Welt läßt sich nicht so leicht fassen, auch vom BGH nicht. Jede konkrete oder auch nur mögliche Gefahr wird durch Auflagen und Feststellungen eines Haftpflichtigen wenn nicht beseitigt, so doch das Risiko der Folgen soweit wie möglich abgeschwächt. Das bedeutet aber, daß immer weniger Möglichkeiten vorhanden sind, Gefahren zu erleben, zu erkennen und zu vermeiden, aber auch Verantwortung für sich selbst zu erlernen. Man könnte die Erfahrung unserer Kinder so beschreiben: Die Eltern, die Erwachsenen, der Staat sorgen dafür, daß uns nichts passieren kann, und wenn doch ein Unfall geschieht, dann bin ich jedenfalls nicht schuldig, und irgend jemand muß den Schaden bezahlen, bei mir oder bei dem anderen, der durch mich zu Schaden gekommen ist. Auch die andere Erfahrung: Es ist immer jemand schuld, weil sonst keiner richtig haftbar gemacht werden kann. Da aber jemand haftbar gemacht werden muß, muß auch jemand strafrechtlich schuldig sein; so z. B. der Lehrer, der als Pausenaufsicht über ein paar hundert Kinder nicht jeden Streit unter den Kindern gesehen hat und dazwischengetreten ist. Jedenfalls, Haftpflicht muß bei uns sein. Darum wären wohl die Amsterdamer Grachten, gäbe es sie in Karlsruhe oder Frankfurt, bei uns auf Veranlassung des BGH von der Stadtverwaltung längst eingezäunt und abgeschrankt, damit niemand aus Versehen oder Trunkenheit hineinstürzt. Wie das bloß die Amsterdamer Kinder lernen, da nicht hineinzufallen?

Zum anderen: Es kann niemand durch Einbruch oder Diebstahl geschädigt werden, die Versicherung zahlt, seien es das Münzgeld aus dem Automaten oder die Millionen beim Bankraub. Die Versicherungen sichern sich ihrerseits durch eine dem Risiko entsprechende Prämie – natürlich, das ist ihre Funktion –, und so wird jeder Schaden auf viele, viele Versicherungsnehmer umverteilt, bis auch der größte Schaden in winzigsten Beträgen wieder erscheint. Ein konkreter, lebendiger, mit Namen versehener Mensch jedenfalls ist nicht geschädigt. Ebenso im Supermarkt, wo die durch versuchendes Arrangement erleichterten Ladendiebstähle und ihr Schaden als »Schwund« auf den Preis draufgeschlagen werden. Und abgesehen davon, wer ist schon »Herr Multimarkt« oder »Herr Kaufhof«? Jedenfalls niemand, vor dem man sich wegen eines Diebstahls schämen könnte.

Was aber bedeutet das für die Erfahrung der Kinder und jungen Leute, für ihre Erziehung also? Die Forderung nach moralischem Verhalten wird ganz abstrakt und ohne einen auch vom Kinde einfühlbaren Sinn. Der Eigentumsbegriff, der gerade bei uns und für unser Wirtschaftssystem eine so große Bedeutung hat und der ja erlernt und allmählich internalisiert werden muß, kann in der gesteigerten, provozierenden Versuchungssituation eines Selbstbedienungsladens nur schwer realisiert werden, da die dort griffbereit ausgelegte Ware niemandem, d. h. niemandem, den man sich vorstellen kann, gehört. Das gilt übrigens nicht nur für Kinder. Viel mehr als von jugendlichen Ladendieben wird erfahrungsgemäß in Supermärkten vom Personal selbst geklaut. Auch dieses bestiehlt niemanden persönlich. Früher stand Tante Emma hinter dem Ladentisch, wenn man heimlich ein Bonbon stibitzte, nahm man es dieser Tante Emma weg, der es gehörte. Das war konkretes und personifizierbares Eigentum.

Für das Erleben der Kinder und ihrer Erziehungssituation bedeutet dies alles zusammengefaßt etwa folgendes:

Du bist vor Schaden geschützt. Was du tust, kannst du ohne Risiko für dich tun. Das Risiko trägt ein anderer. Du haftest nicht für dich selbst.

Aber auch: Du kannst keinen Schaden anrichten. Was du tust, schadet niemandem, denn wenn du Schaden verursachst, ist der andere dagegen geschützt. Auch dieses Risiko trägt ein Dritter, den niemand persönlich kennt. Nur wenn du erwischt wirst, kann es dich treffen. Ein schlechtes Gewissen brauchst du aber gegenüber niemandem zu haben.

Natürlich sind Haftpflicht und Versicherung notwendig, um unverschuldete Not zu verhindern oder zu lindern, natürlich ist die Suche nach Sicherheit vor Verlust und Schaden nicht nur verständlich, sie ist auch berechtigt und notwendig. Die Tendenz zur immer größeren, perfekten und alle vorhersehbaren Wechselfälle des Lebens dämpfenden, allgegenwärtigen materiellen Sicherheit führt aber offenbar dazu, daß das Gefühl, auch persönlich für seine eigene Sicherheit, noch mehr aber für die Sicherheit der anderen mitverantwortlich zu sein, verlorengeht. Die frühe Erfahrung unserer Kinder – und nur auf diese kommt es für ihre spätere Lebenseinstellung an – bietet kaum mehr Möglichkeiten, dieses Gefühl der Verantwortlichkeit konkret zu erfahren. Die Verantwortung für sich selbst beschneidet der BGH, die Verantwortung für den anderen die Versicherung, die enorm gesteigerte Versuchungssituation und die Anonymität des Besitzes. Das Leben der Kinder verarmt an Gelegenheiten zum Lernen von Eigen- und Gemeinschaftsverantwortung und an Möglichkeiten, dazu Erfahrungen zu machen.

Weiß der BGH, wieviel er mit dieser verbesserten Sicherheit und erweiterten Haftpflicht an nützlicher Eigeninitiative verhindert, wenn er z. B. die Aufsichts- und Schadenersatzpflicht des Lehrers bei Schulausflügen so extensiv definiert? So ist beispielsweise der verantwortliche Leiter einer Einrichtung für psychisch Kranke oder Behinderte bei der Durchführung therapeutisch wichtiger Unternehmungen außerhalb des Heimes oder der Klinik, ja sogar jeder daran teilnehmende Mitarbeiter oder Pfleger, immer durch das Bewußtsein seiner Haftpflicht behindert, das zu tun, was eigentlich gut und nötig wäre, denn dies ist immer mit Risiko verbunden. Das Leben ist aber ein Risiko, muß ein Risiko bleiben, soll es Leben sein. Wissen die Versicherungen und Verkaufsstrategen in Supermärkten, daß sie den Eigentumsbegriff, der ihnen so wichtig ist, selbst zerstören? Im Gegensatz zum BGH wird man ihnen allerdings solche Überlegungen nicht zumuten wollen.

Niemand will und kann Versicherungen und Haftpflicht abschaffen. Sie sind notwendig und auch eine Hilfe zur sozialen Sicherheit und Gerechtigkeit, aber es wäre gut, man würde sich über ihre Nebenwir-

kungen Gedanken machen. Solche Gedanken könnten dann zu der Erkenntnis führen, daß wir keinen
Anlaß haben, uns zu wundern, daß Jugendliche etwa
im unsinnigen Motorradrasen die Risiken suchen, die
wir ihnen in harmloserer Form unzugänglich machen, und daß wir kein Recht haben, uns moralisch
über skrupellose Diebe und Bankräuber zu erheben,
denen wir die Möglichkeit, Skrupel zu lernen, genommen haben.

Die Angst vor der Zukunft

Vor mir sitzt ein junger Mann, oder ein Junge. Wenn der Bart nicht wäre, würde man ihn für 17 Jahre halten – und so alt ist er tatsächlich auch. Er ist gekommen, weil er irgendwie wieder aussteigen möchte. Aussteigen vom Fixen, vom regelmäßigen Rauschmittelgebrauch.

Seine Geschichte ist schnell erzählt und ähnelt vielen anderen Geschichten.

Als er 13 oder 14 Jahre alt war, ging er wie seine älteren Geschwister vor ihm und sein jüngerer Bruder nach ihm ins Gymnasium. Die Leistungen waren mäßig, die Tendenz lustlos. Aber darin unterschied er sich nicht von vielen anderen. Der Rest der Lust an der Schule schmolz dahin unter regelmäßigen Vorwürfen, die er von den Lehrern und den Eltern bekam und die er sich zu Anfang auch selbst gemacht hatte. Mißerfolge stellten sich ein, und er mußte eine Klasse wiederholen. Das war vielleicht nicht das schlimmste. Schlimmer war, daß Vater und Mutter sich zu Hause häufig stritten, oft seinetwegen. Von außen merkte das niemand, dort galt die Familie als »intakt«. So hatte er auch keine große

Lust mehr, länger zu Hause zu bleiben als unbedingt notwendig. Er suchte Freunde, er suchte eine Situation, in der er nicht über die Schule, nicht über die Eltern und nicht über sich selbst nachdenken mußte. So kam er an das Hasch und nach einiger Zeit auch ans Fixen. Die wiederholte Klasse hatte er nicht abgeschlossen, er war ausgestiegen und von zu Hause weggelaufen.

Er war nicht trotzig, nicht aufbegehrend, er war kein Revolutionär. Er war gleichgültig, etwas resigniert, und dahinter stand die Angst. Die war jetzt kaum noch zu erkennen, früher mußte sie viel deutlicher gewesen sein.

Wenn solche Jugendlichen früher kommen, ist die Angst deutlicher zu spüren. Sie verbirgt sich zu Anfang noch manchmal hinter trotzigem Selbstbewußtsein, das alles verächtlich macht, was den anderen, den Eltern, den Lehrern, der älteren Generation, angebliche Werte sind, aber sie ist da, unverkennbar: die Angst vor dem Leben und dem eigenen Versagen.

Nicht alle, die regelmäßig ihren Joint durchziehen, sind so. Aber diejenigen, die so sind, sind gefährdet, sie bleiben in der Regel nicht beim Joint, sie brauchen zuverlässigere, stärkere Dosen.

Unter den Rauschmittelkonsumenten kann man im wesentlichen drei Motive finden:

Das erste Motiv ist das Probieren. Das tun diejenigen, die »in« sein wollen, die davon gehört haben, die nicht außen stehen wollen. Sie rauchen ein paarmal mit, und dann geben sie es wieder auf. Es ist zu teuer. Sie können jetzt auch sagen, ich habe auch einmal gehascht. Wenn es nur die wären, um sie brauchten wir uns nicht zu kümmern. Sie sind zwar in der Mehrzahl, sind aber kein Problem.

Andere fühlen sich allein. Sie haben keinen Anschluß, keine Freunde, keine besonderen Interessen, und daheim ist immer eine gespannte Atmosphäre, oder zumindest ist es langweilig. In einen Verein wollen sie nicht. Dort wird immer etwas erwartet. Man findet nur Aufnahme, wenn man sich für irgend etwas interessiert, für Sport oder fürs Kleintierzüchten. Wenn man sich aber nicht interessiert, sondern einfach so seine Freunde haben will, die einen akzeptieren, einfach weil man so ist, wie man ist, und nicht nur, weil man sich für irgend etwas interessiert, etwas leistet oder etwas kann. Es ist wie daheim. Auch daheim hat man den Eindruck, daß sich die Eltern nur für einen interessieren, wenn man gute Noten heimbringt und etwas »leistet«. Und gerade das kann man nicht oder will man nicht. Auf der Suche nach diesen Freunden, die einen um seiner selbst willen annehmen, ohne Forderung, ohne Vorbehalte, stoßen sie zu denen, die sich regelmäßig treffen und dabei auch den Joint kreisen lassen. Diese fragen nicht danach, für was man sich interessiert, und auch nicht danach, ob man etwas leistet. Sie verlangen auch nicht, daß man mit am Joint zieht, aber man möchte sich nicht ausschließen. Man zahlt gewissermaßen diesen Eintrittspreis freiwillig. Manche bleiben dabei, manche springen wieder ab, weil es auf die Dauer nicht genügt, und sie sind so enttäuscht, daß sie zur dritten Gruppe stoßen.

Die dritte Gruppe bilden diejenigen, die Angst haben, die mit der Familie, mit der Schule, mit sich selbst nicht mehr zurechtkommen, die diese ganze Realität scheußlich finden und vor ihr Angst haben, auch wenn sie das letztere nicht verbaliter zugeben. Sie möchten aussteigen, und das können sie, zunächst wenn sie high sind, später mit dem Trip und schließlich, zuverlässiger und anhaltender, mit Heroin o. ä. Nur nicht mehr zurückkehren zu dieser Angst!

Woher rührt diese Angst, und warum ist die Realität der Erwachsenen, unsere Welt, so wenig akzeptabel, zumindest nicht für die Gruppe derer, die so reagieren wie der junge Mann vor mir und deren Zahl stetig zunimmt? Es sind dieselben, die schon früher zum Jugendpsychiater kamen oder gebracht wurden. Nur waren es damals harmlosere Störungen. Psychosomatische Störungen, zumeist Reifungskrisen. Meistens waren diese Störungen jedoch nicht so, daß sie damit »aussteigen« konnten, und damit waren diese Störungen, von der Umwelt aus gesehen, nicht so gefährlich wie das jetzige Symptom, die Drogenabhängigkeit.

Subjektiv haben sie allerdings mehr gelitten, und sie galten als krank. Aber dafür waren von der Gesellschaft die Wege gebahnt: das Krankenhaus, die Psychotherapie oder auch die Fürsorgeerziehung. Aussteigen jedenfalls konnten sie nicht, und es waren auch nicht so viele wie jetzt. Die Angst hat sich also ausgebreitet. Und das hat verschiedene Gründe:

Zum einen hat sich die Familie geändert. Die Jungen haben keine konkrete Vorstellung davon, was die Eltern tun, und diese erzählen es auch nicht, sie klagen nur darüber, daß sie so viel zu arbeiten haben und so wenig verdienen. So sind sie nicht mehr identifikationsfähig. Oder der Vater gibt vor seinem Sohne an, was er alles früher geleistet hat und wie angesehen er jetzt in seinem Beruf ist. Der Sohn muß resignieren. Dieser Vater ist für ihn unerreichbar und auch nicht mehr identifikationsfähig. Und auch für die Tochter ist die Mutter nicht identifikationsfähig, wenn sie sich dauernd mit dem Vater zankt. In den mittelständischen Betrieben früher, bei den Handwerkern und Landwirten, haben die Kinder noch gesehen, was der Vater tut. Sie haben gesehen, was er kann, und wenn ihm etwas mißlungen ist, haben sie auch gesehen, was er nicht kann. Das war konkret, das war erreichbar, und das war unter Umständen auch erstrebenswert. Und wenn der Vater über seine Arbeit schimpfte, so strafte ihn seine Arbeit, bei der ihm die Kinder zusehen konnten, Lügen.

Zum andern hat sich die Erziehung geändert, der Erziehungsstil. Da ist der Rahmen von früher, wo der Vater immer recht hatte und befahl, weggefallen. Erziehung wird diskutiert, die Eltern sind unsicher, weil sie um ihre Autorität fürchten, die sie zum Teil schon lange verloren haben, ohne daß sie es merkten. Ein Teil der Eltern kommt auch mit dem neuen Erziehungsstil gut zurecht. Erziehung ist keine Technik, sondern eine Haltung und eine Einstellung zu seinen Kindern, und die ist bei vielen in einer natürlichen und selbstverständlichen Weise gut. Diese Eltern haben ihre Kinder im neuen Erziehungsstil erzogen. Diese Kinder sind zur kritischen, selbständigen und reifen Jugend geworden, die es heute *auch* gibt, die kritischer und reifer und selbständiger ist, als das frühere Generationen in diesem Alter waren.

Andere Eltern aber kommen damit nicht zurecht. Vielleicht wurden sie selbst zu unselbständig erzogen und können daher ihrerseits nicht zur Selbständigkeit erziehen, vielleicht haben sie Streit mit dem Ehepartner oder mit sich selbst, oder sie kommen mit ihrem Leben selbst nicht zurecht, im Beruf nicht und in der Familie nicht, ohne daß sie das eingestehen könnten. Wenn sie nun freiheitlich und gewährend erziehen, führt das zur Haltschwäche, zur Isolierung, zur Kontaktstörung und zur Bindungslosigkeit. Es führt aber auch zur Empfindlichkeit, zur Versagensintoleranz und zu den Riesenansprüchen gegenüber der Umwelt.

Als drittes haben sich jedoch auch die soziale Struktur und der Ausbildungsweg geändert. Im Zuge einer immer weiteren Differenzierung und der Öffnung der Gymnasien und Universitäten für eine immer breitere Bevölkerungsschicht ist für immer mehr Jugendliche der Ausbildungsweg länger, komplizierter und unüberschaubarer geworden. Die Risiken des Scheiterns, des Mißerfolgs und der Blamage vor den Eltern und vor sich selbst sind größer geworden. Dazu kommt, daß der Ausbildungsweg selbst nicht in eine gesicherte Zukunft führt. Die Konkurrenz ist größer geworden, das Abitur in seinem Wert fraglich, und der Numerus clausus tut das seine dazu, die Zukunft fragwürdig, unsicher, wenn nicht gar für viele aussichtslos erscheinen zu lassen. Hat man sich in den unteren Klassen des Gymnasiums redlich geplagt, sich von Mißerfolgen und der stetigen Mahnung der Lehrer, man möge sich mehr anstrengen, man werde es ja doch nie schaffen, nicht beeindrucken lassen, so zählt schließlich das Abitur weniger, als wenn man Baggerführer geworden oder als Postbote den sicheren Weg des kleinen Beamten gegangen wäre und sich inzwischen schon sein eigenes Auto leisten könnte. So aber ist alles unsicher, und selbst wenn man im Studium ankommt, bleibt man auf nicht überschaubare Zeit abhängig und unselbständig.

Aber auch die Familie ist überfordert. Sie ist nicht in der Lage, 18-, 20-, ja 25jährige Söhne und Töchter zu binden und die soziale Unselbständigkeit durch irgend etwas Positives auszugleichen, besonders dann nicht, wenn aus der Ehe der Eltern schon längst eine Wirtschaftsgemeinschaft und eine leere Gewohnheit geworden ist.

Noch vor einem Jahrhundert haben die Großeltern der jetzigen jungen Generation zum großen Teil mit 14 Jahren ihr Elternhaus verlassen, sind zum Meister und zur Frau Meisterin gezogen und waren mit 17 oder 18 Jahren als Geselle unabhängig und selbständig, ja sie konnten sogar heiraten, wenn sie wollten. Heute sind es immer mehr, die mit 22 oder 25 Jahren noch »danke schön« sagen müssen, wenn sie am Monatsersten den Wechsel vom Vater bekommen, oder die um ihr Stipendium arbeiten und bangen müssen. Wenn sie nicht sehr Gutes leisten, bekommen sie nicht weniger, sondern gar nichts.

Natürlich gab es immer schon einzelne unter den Jugendlichen, die diesen Weg verlängerter sozialer Unselbständigkeit auf sich genommen haben, aber es waren wenige, und für sie führte der Weg mit hinreichender Sicherheit in eine zwar entfernte, aber doch sichere gehobene soziale Position. Die wenigen, die dabei scheiterten, hatten in der Regel hinter sich die Geborgenheit des sozial gesicherten Elternhauses.

Jetzt trifft es aber eine große Zahl, die nicht über diesen stabilen Hintergrund verfügen, denen das Vorbild der Eltern nicht vorbildlich und die Wertwelt der älteren Generation wertlos erscheint, die, frustrierend erzogen, selbst keine Frustration ertragen können. Kein Wunder, daß sie Angst vor dem Leben haben und dieser Angst entfliehen wollen.

Was ist dagegen zu tun? Zur Zeit bemüht man sich darum, ihnen den Weg zur Flucht zu verbauen, indem man für den Rauschmittelgebrauch strengere Strafen fordert und durch Information und Aufklärung eben vor dieser Flucht warnt. Strafe und Warnung können keinen Wert haben, wenn die Angst vor dem Leben größer ist als die Angst vor Strafe und dem Drop-out. Zum Drop-out, zum Aussteigen, kommt es, auch ohne Haschisch, so oder so, wenn sie in der Ausbildung scheitern und vor sich selbst versagen, mit Haschisch und harten Drogen ohne diese Erfahrung.

Man sollte nicht die Flucht bestrafen, sondern man sollte versuchen, den Anlaß der Flucht, den Anlaß der Angst zu beseitigen.

Was ist dazu notwendig? Es sollte wieder mehr Eltern geben, die in der Lage sind, ihre Kinder in einer glaubwürdigen Weise zu erziehen. Nicht indem sie zurückkehren zur Erziehungsmethode ihrer Väter, sondern so, daß sie in der Lage sind, ihre Kinder von klein auf zur Selbständigkeit und sozialen

Verantwortlichkeit zu erziehen, durch Anerkennung und Achtung vor der eigenständigen Persönlichkeit des Kindes. Da man in der Regel seine Kinder nicht besser erziehen kann, als man selbst ist und man selbst erzogen wurde, bedarf es eingehender Aufklärung und Erziehung der Erziehenden.

Zum andern müssen wir wieder die Möglichkeit zur frühen sozialen Selbständigkeit herstellen. Dem steht die Notwendigkeit ausgedehnter differenzierter Ausbildung entgegen, wie sie die moderne technische Welt erfordert. Den modernen Anforderungen steht aber immer noch ein Ausbildungssystem gegenüber, das sich an alten elitären Vorstellungen eines universellen Bildungsideals orientiert. Diesen schönen Traum von der breiten und allgemeinen Bildung müssen wir zu Grabe tragen, und zwar möglichst bald. Er mag später für einige wenige wieder ausgegraben werden. Für alle anderen müssen wir mit einer frühzeitigen Spezialisierung beginnen und den Ausbildungs- und Lebensweg klar und überschaubar gestalten. Das geht nicht anders, als daß man wesentliche Teile der letzten spezialistischen Ausbildung in den Beruf hineinverlagert. Der Staat und die Wirtschaft müssen lernen, daß die letzte spezialistische Ausbildung ein Teil des Berufes ist und in sozialer Selbständigkeit durchgeführt werden muß. Mit gutem Erfolg wurde dies bei den Sonderschullehrern praktiziert, die nach abgeschlossener Volksschullehrerausbildung als solche vom Staat angestellt werden und ihre zweijährige Spezialausbildung zum Sonderschullehrer durchlaufen. Dies wäre ein Modell für viele Berufe. Auch das Studiengehalt ist ein solcher Schritt zur frühzeitigen sozialen Unabhängigkeit und zur Selbstwertbestätigung der Jugend in einer Leistungsgesellschaft, in der der Selbstwert nicht daran gemessen wird, was einer leistet, sondern was er sich leisten kann.

Es bedarf aber auch der Möglichkeit zur frühen sexuellen Selbständigkeit, d. h. zur Familiengründung mit 20 oder 22 Jahren. Wer dies nicht einsehen kann, trägt mehr zur Auflösung der Institution der Ehe und der Familie bei als alle modernen Sexualtheoretiker.

Durch solche Schritte wird zwar nicht die Gesellschaft revolutioniert, wie dies zur Überwindung der Rauschmittelwelle gefordert wird, ohne allerdings ein plausibles Vorbild für diese Revolution und einen praktikablen Weg dorthin zu zeigen. Die Gesellschaft hätte aber die Chancen, noch einige Zeit zu überleben. Gerade die, die daran Interesse haben, müssen sich sehr für diese Möglichkeiten interessieren.

Wir sind zur Zeit dabei, einen großen Teil unserer Jugend vor die Hunde gehen zu lassen, und zwar nicht die Schwachen und Schlechten, sondern die Sensiblen, die Originellen und die Nonkonformisten, wenn es uns nicht gelingt, ihnen die reale Angst zu nehmen und einen überschaubaren und akzeptablen Lebensweg zu bieten.

Gleichberechtigung des Kindes

Seit es die Vereinten Nationen gibt, bemühen diese sich immer wieder auch um die Rechte des Kindes. Schon in der 1948 verabschiedeten Allgemeinen Erklärung der Menschenrechte sind die Kinder erwähnt, wie auch in der 1959 erlassenen Deklaration über die Rechte des Kindes, bis zu der Konvention zum Schutze des Kindes von 1989. Diese letzte wurde vom Parlament der Bundesrepublik Deutschland nur unter Vorbehalt ratifiziert.

Daß der Bundestag, also der Vertreter der Erwachsenen, eine Deklaration über die Rechte des Kindes mit eigentlich ganz selbstverständlichen Festlegungen nur unter Vorbehalt bestätigt, weist darauf hin, daß die Erwachsenen offenbar ein wenig Angst davor haben. Dabei geht es in dieser Konvention weniger um die Rechte der Kinder als vielmehr um ihren Schutz, also gewissermaßen um ihr Recht auf Schutz.

Es stellt sich allerdings auch die Frage, wozu es eine Konvention über die Rechte des Kindes braucht, wenn es doch allgemein anerkannte Menschenrechte gibt, die doch selbstverständlich auch für Kinder gelten müssen, ebenso wie wir ein Grundgesetz haben, das für alle Deutschen gilt, nicht nur für die Deutschen über 18 Jahre.

Die Konvention über die Rechte des Kindes wird auch tatsächlich vielfach als eine Konvention zum Schutz des Kindes genannt. Wenn aber von Schutz gesprochen wird, gibt es einen, der schützt, und einen, der geschützt wird, und es entsteht ein Machtgefälle vom Stärkeren zum Schwächeren. Schutz hat immer auch etwas mit Machtausübung zu tun, und wo Macht ausgeübt wird, besteht immer auch die Angst vor Machtverlust auf der einen und vor Machtmißbrauch auf der anderen Seite.

Nun wird man nicht bestreiten können, daß das Kind in seinen ersten Lebensjahren als typischer Nesthocker des Schutzes bedarf, den das Recht absichern soll. Aber es stellt sich dennoch dabei die Frage, ob das Bedürfnis nach Schutz auch wirklich eine Einschränkung der Rechte bedeuten muß und ob dahinter nicht eine Angst vor Machtverlust bei den Erwachsenen steht.

Im Bürgerlichen Gesetzbuch (BGB) gibt es den § 1626 Abs. 2, der folgendermaßen lautet:

»Bei der Pflege und Erziehung berücksichtigen die Eltern die wachsende Fähigkeit und das wachsende Bedürfnis des Kindes zu selbständigem verantwortungsbewußten Handeln. Sie besprechen mit dem Kind, soweit es nach dessen Entwicklungsstand angezeigt ist, Fragen der elterlichen Sorge und streben Einvernehmen an.«

Nun ist die Frage begründet, ob wir denn als Eltern in unserem Verhalten immer diese Verpflichtung des § 1626 Abs. 2 BGB erfüllen. Schließlich wäre auch noch zu fragen, ob wir, die Erwachsenen, das Nesthockertum unserer Kinder, die faktische Abhängigkeit, nicht unter dem Vorwand einer immer differenzierter werdenden Ausbildung ohne Not immer mehr verlängern und damit die bereits herangewachsenen Kinder in Abhängigkeit halten. Das aber wäre dann auch ein Mißbrauch der Macht. Im PISA-erfolgreichen Finnland beispielsweise bekommen Jugendliche über 18 Jahre, die sich frühzeitig vom Elternhaus unabhängig machen wollen, eine staatliche Unterstützung.

Tatsächlich ist die Geschichte des Verhältnisses zwischen den Kindern und den Erwachsenen in unserem Kulturkreis eine Geschichte der Machtausübung. Bis vor kurzem hieß es im Bürgerlichen Gesetzbuch statt »elterlicher Sorge« noch »elterliche Gewalt«. Auch wenn ursprünglich der Gewaltbegriff ein anderer war als heute, so wurde er doch allzuoft schon früher im heutigen Sinne verstanden und praktiziert. Tatsächlich hatte das Kind in unserem Kulturraum keine eigenen Rechte. Unser Bürgerliches Gesetzbuch – jetzt mit einigen Änderungen über 100 Jahre alt – übertrug ihm eine beschränkte Geschäftsfähigkeit, weil diese auch den Erwachsenen nützen konnte. Erst das neue Kindschaftsrechtsreformgesetz bestätigte, daß bei getrennt lebenden Eltern auch das Kind ein eigenes Umgangsrecht mit seinen Eltern hat, das bis dahin nur den Eltern zustand.

Die Kindheit als ein besonderer Lebensabschnitt des Menschen wurde eigentlich erst nach dem Mittelalter erkannt. Auch die medizinische Wissenschaft vom Kind, die Kinderheilkunde, entwickelte sich erst am Ende des 19. Jahrhunderts, die Kinder- und Jugendpsychiatrie erst am Anfang des letzten Jahrhunderts, dem »Jahrhundert des Kindes«, wie es bezeichnet wurde.

Die »Entdeckung der Kindheit« ist zunächst ein soziologisches Problem. Die Kindheit als ein eigener Lebensabschnitt ist vor allem auch dadurch gekennzeichnet, daß die Kinder nicht mehr nur von den Eltern bzw. von den sie zufällig umgebenden Erwachsenen »erzogen« werden, d. h., daß sie ihre Erfahrungen nicht nur im Miterleben der sie umgebenden Erwachsenen sammeln, sondern daß eigene Erziehungspersonen für sie neben den Eltern zuständig werden, die Erzieherinnen im Kindergarten und die Lehrer und Lehrerinnen. Erst mit der allmählich sich ausbreitenden allgemeinen Schulpflicht grenzte sich Kindheit vom Erwachsensein ab, ein Prozeß, der mit einer immer länger werdenden Ausbildungszeit immer noch nicht abgeschlossen ist.

Bis ins 19. Jahrhundert waren Kinder einfach nur kleine und unfertige Menschen, wobei man sich ganz an der körperlichen Entwicklung orientierte, letztlich, wie bei den Tieren, an der sexuellen Reife. Wir wissen heute, daß das Kind in seiner Entwicklung auch körperlich eigene Strukturen und Reaktionsweisen entwickelt, die seinem jeweiligen Entwicklungsstand entsprechen und die sich zum Teil wieder zurückentwickeln. Was die psychische Entwicklung anbetrifft, so findet sie im Grunde nie ihren Abschluß. Sie geht immer weiter – bis ins Alter.

Die zögerliche Entwicklung eines eigenen Kindesrechts, einer Anerkennung des Kindes als einer Rechtsperson im Sinne des Grundgesetzes, ist an den Fortschritten im Familienrecht erkennbar. Im Jahre 1963 wies ich darauf hin, daß es bei Sorgerechtsentzug der Eltern oder bei Ehescheidung doch nötig sei, auch den Willen oder wenigstens die emotionale Tendenz des Kindes zu erfahren. Mein Vorschlag, doch in diesen Fällen das Kind anzuhören, nicht um es in jedem Fall entscheiden zu lassen, sondern um eine wichtige Voraussetzung für das Wohl des Kindes zu erfahren und zu erkennen, seinen Willen überhaupt zur Kenntnis zu nehmen, stieß zunächst auf scharfe juristische Ablehnung mit der lebensfernen Begründung, ein Kind habe keinen eigenen Willen und wenn es ihn äußere, sei er notwendiger Weise unvernünftig. Daß der Wille eines Kindes etwas mit seiner emotionalen Beziehung und diese etwas mit Erziehungsfähigkeit der Eltern zu tun hat, ist völlig unbekannt. Dieses Anliegen hat nun in den Gesetzen des neuen Familienrechts Berücksichtigung gefunden.

Wie sehr aber – ganz unbewußt – das Kind bei uns rechtlich immer noch nicht als Person, sondern noch als Sache betrachtet wird, zeigt die Praxis bei der Durchführung des Umgangsrechtes bei getrennt lebenden Eltern. Es steht zwar in keinem Gesetz, aber man geht regelmäßig davon aus, daß der nichtsorgeberechtigte Elternteil das Kind zum Besuch abholt und wieder zurückbringt. Warum eigentlich? Das ist eine Ableitung aus der Hol- und Bringschuld aus dem Sachenrecht über entliehene Gegenstände. Dabei wäre es für das Kind meist besser, derjenige, bei dem das Kind sich befindet, bringt es zum andern. Dann erlebt das Kind, daß die Eltern auch beide selbst etwas für den Kontakt des Kindes mit dem andern Elternteil tun.

Es kommt ja bei alledem im Grunde nur darauf an, daß man das Kind als eine eigene betroffene Person überhaupt erst wahrnimmt und anerkennt. Dazu muß es aber auch im Gesetz als Person genannt werden.

Das Grundgesetz ist, wie gesagt, für alle Deutschen gültig, auch wenn sie Kinder sind.

Gleich der Art. 1, der bestimmt, daß die Würde des Menschen unantastbar ist, wird oft gegenüber Kindern völlig vergessen. Wie oft werden Kinder in Familien nicht ernst genommen und damit herabgewürdigt. Im Grunde ist jede körperliche Züchtigung eine Entwürdigung, ja jedes Nicht-Ernstnehmen eines Kindes ist eine Entwürdigung. Wie oft werden Kinder in der Schule vor ihren Schulkameraden und -kameradinnen bloßgestellt und blamiert und damit ihrer Würde beraubt. Und niemand denkt sich etwas dabei.

Nach Art. 3 sind alle Menschen – also auch die Kinder – vor dem Gesetz gleich. Im Absatz 2 wird allerdings nur von der Gleichberechtigung der Männer und Frauen gesprochen.

Die Religions- und Gewissensfreiheit in Art. 4 haben die Jugendlichen vom 14. Lebensjahr an, was die wenigsten Erwachsenen, noch weniger die Jugendlichen wissen.

Die Meinungsfreiheit in Art. 5 ist in der UN-Konvention auch ausdrücklich verankert, was viele Väter am Mittagstisch nicht zur Kenntnis nehmen wollen.

Der Art. 6 bestimmt das Elternrecht und die Pflichten der Eltern, wobei die Kinder allerdings nur passiv erwähnt werden.

Interessant in diesem Zusammenhang ist auch Art. 10 über das Brief-, Post- und Fernmeldegeheimnis. Auch die Post der Kinder und Jugendlichen muß für die Eltern so lange tabu bleiben, als sie nicht begründete Sorgen haben, daß ihre Kinder irgendwie gefährdet sind, wobei eine frühe Liebschaft noch keine Gefahr bedeuten muß. Das gilt auch für die Tagebücher der Kinder und Jugendlichen.

Die Freizügigkeit nach Art. 11 wird für Kinder – auch für Jugendliche – stillschweigend übergangen, und gegen die Freiheit der Berufswahl nach Art. 12 wird ebenfalls nicht selten grob verstoßen.

Das Dilemma der Widersprüche zwischen Grundgesetz und Grundrechtswirklichkeit ist den Juristen durchaus bekannt, und mancherorts wird das mit dem nirgends gesetzlich begründeten Begriff der »Grundrechtsmündigkeit« zu überwinden gesucht. Angemessener ist die Vorstellung von der zunehmenden Grundrechtsfähigkeit im Jugendalter und dem allmählich schrumpfenden Elternrecht. Eine solche Veränderung der Rechte der Eltern einerseits und der Kinder und Jugendlichen andererseits im Laufe ihres Älterwerdens entspricht ja einer ganz natürlichen Entwicklung ihrer Beziehungen zueinander.

Von seiten der Eltern wird diese Veränderung oft als Verlust und gar als Bedrohung gesehen. Sie sehen nicht, daß die zunehmende Verselbständigung der Kinder ihre wichtigste Erziehungsaufgabe ist, bei der sie aktiv mitwirken müssen, auch wenn das manchmal mit Ängsten verbunden ist. Die zunehmende Mitbestimmung der Kinder ist eine Voraussetzung dafür, daß diese später lebenstüchtig und vor allem auch gemeinschafts- und demokratiefähig werden.

Die Entwicklung unserer Gesellschaft, die wie alle von Kleinasien bestimmten Kulturen von einer patriarchalischen Struktur geprägt war, zu einer gleichberechtigten Gesellschaft ist mühsam. Der Weg zur Gleichberechtigung der Frau, die zwar noch lange nicht realisiert, aber wenigstens gesetzlich verankert ist, macht dies deutlich. Der gleiche Weg wird aber zwingend dazu führen müssen, daß der Gleichberechtigung der Frau schließlich auch eine Gleichberechtigung des Kindes folgt. Daß diese Entwicklung jedoch nicht ohne Widerstand der Erwachsenen, insbesondere der Männer, der Väter, fortschreitet, ist naheliegend.

Drohender Machtverlust verursacht irrationale Ängste. Dies wird an der Diskussion über ein grundsätzliches Züchtigungsverbot deutlich, wie es in Österreich und Schweden schon lange besteht. Der Bundestag konnte sich aber nur dazu durchringen, entwürdigende Erziehungsmaßnahmen und seelische und körperliche Mißhandlungen zu verbieten, ohne daß definiert ist, was eine Mißhandlung ist und wo sie anfängt. Als im Bundestag angekündigt wurde, man werde jetzt im § 1631 Abs. 2 BGB ein generelles Züchtigungsverbot durchsetzen, erhob sich Protest: Es gefährde die Familie, wenn die Ohrfeige verboten werde. Dabei handelt es sich nicht um ein

Verbot im Strafgesetzbuch, bei dessen Übertretung eine Strafe ausgesprochen wird, sondern um eine bürgerlich-rechtliche Feststellung, also um ein Gebot. Es geht auch nicht darum, die Ohrfeige aus emotionaler Unbeherrschtheit zu bestrafen, wohl aber darum, daß ein Erwachsener, der sich zu einer solchen hinreißen läßt, sich bewußt ist, daß er eine verbotene Grenze überschritten hat und sich zumindest bei dem geohrfeigten Kind oder Jugendlichen gebührend für seine Schwäche entschuldigt.

Zweck eines Züchtigungsverbotes ist es, jede körperliche Züchtigung als vermeintlich erzieherische Maßnahme und als Recht der Eltern zu beseitigen. Solche Gebote aber vermindern die Macht der Eltern und der Erwachsenen gegenüber Kindern und Jugendlichen, und das erregt Angst, und deshalb wehren sie sich dagegen. Man hört dabei oft das Argument, man sei als Kind auch geschlagen worden und es habe einem nichts geschadet. Dabei machen die Betroffenen mit dieser Äußerung gerade deutlich, wie sehr es ihnen geschadet hat, weil sie zeigen, daß die körperliche Unversehrtheit für sie keinen beachtlichen Wert bedeutet.

Im übrigen schließen sich Erziehung und jede Form von Strafe gegenseitig aus, weil jede nicht als gerechtfertigt akzeptierte Strafe die für die Erziehung unabdingbare positive Beziehung beeinträchtigt und das Kind oder den Jugendlichen ausgrenzt, statt ihn zu integrieren. Strafe kann allenfalls eine Dressur bewirken, die aber keine Veränderung der Einstellung des Täters bringen kann.

Es gibt auch andere, triftige Gründe, mit der Zeit auch die Rechte des Kindes und nicht nur seinen Schutz festzuschreiben: Bis vor kurzem – und so ist es auch im Grundgesetz verankert – waren unbestritten die Eltern und die Familie der Ort der Verantwortung für das Kind und seine Entwicklung zum Bürger in einer Gemeinschaft. Die Familie hat sich aber gegenüber der Zeit, in der unser Bürgerliches Gesetzbuch entstanden ist, deutlich in ihrer Struktur verändert. Die Eltern sind weniger denn je die alleinigen Erzieher ihrer Kinder. Neben die Erzieher in Kinderhort, Kindergarten und Schule treten seit einigen Jahrzehnten in zunehmendem Maße die Massenmedien. Deren Einfluß auf die Jugend wird weiter zunehmen, und die Gemeinschaft, der Staat, läßt sie – einem freiheitlichen Staatswesen entsprechend – weitgehend gewähren.

Das heißt aber, daß man die Eltern immer weniger für ihre Kinder und deren Entwicklung allein verantwortlich machen kann. Da man andererseits auch keine staatliche Erziehung haben möchte, bleibt das Kind und die Jugend sich zunehmend selbst bzw. den allein an der Wirtschaftlichkeit orientierten Medien überlassen.

Das muß keine Katastrophe bedeuten, denn die

Kinder werden weiterhin ihre psychischen Bindungen suchen und finden und ihre Vorbilder haben, und damit ist auch Erziehung gewährleistet. Nur wird dies für einen immer größer werdenden Teil der Bevölkerung nicht mehr die Familie im klassischen Sinne sein können. Die immer wieder zitierte intakte Familie wird es wohl auch in Zukunft geben, diese aber hat keine Gesetze und keine eigenen Kindesrechte nötig, sie gewährt sie im Rahmen der Bedürfnisse und der Fähigkeiten des Kindes und Jugendlichen schon heute. Überall dort aber, wo eine Familie, aus welchen Gründen auch immer, eine solche Intaktheit nicht bieten und garantieren kann, muß das Kind eigene Rechte erhalten.

Es wird solchen Forderungen entgegengehalten, sie zerstörten die intakte Familie, wenn zum Beispiel ein Jugendlicher sich wegen irgendwelcher Maßnahmen der Eltern an einen Anwalt wenden könne. Wenn ein Kind aber den Wunsch hat, sich mit Hilfe eines Anwalts gegen die Eltern zu wehren, dann war die Familie schon lange nicht mehr intakt, und sie bleibt auch nicht nur deswegen intakt, weil das Kind dieses Recht nicht bekommt.

Es wird auch dagegen argumentiert, wer Rechte habe, müsse auch Pflichten übernehmen. Die das fordern, wollen gleichsam als Ausgleich für verlorene Rechte eine Entschädigung haben. Menschenrechte sind elementare Rechte und müssen nicht erst verdient werden. Wo von den Erwachsenen Rechte gegen Pflichten aufgewogen werden, geht es wiederum nur um die Macht. Dabei sind Kinder und Jugendliche meist zur Übernahme von Pflichten bereit, denn Kinder wollen immer das im Rahmen ihrer Fähigkeiten auch tun, was Erwachsene tun. Das gilt aber nur, wenn die Erwachsenen auch ihre Pflichten ernst nehmen.

Bemerkenswerterweise sind dieselben Erwachsenen oft darin einig, wenn es darum geht, das Strafmündigkeitsalter herabzusetzen, also den Kindern früher eine strafrechtliche Verantwortung zu übertragen. Dabei geht es denen, die dieses fordern, hier gar nicht um Verantwortung, sondern nur um eine härtere Bestrafung, also um hilflose Rache unter Verzicht auf Erziehung. Es kommt aber letztlich nicht auf das Strafmündigkeitsalter an, sondern auf die Möglichkeiten, diesen Kindern zu einer Sozialisierung zu verhelfen. In einigen Kantonen der Schweiz sind die Kinder vom 7. Lebensjahr an strafmündig, werden aber vom Jugendrichter selbst kontinuierlich bis zum 18. Lebensjahr erzieherisch – wie hierzulande vom Jugendamt – betreut.

Worum geht es also bei der geforderten Gleichberechtigung des Kindes?

Es geht nicht darum, daß es von Geburt an voll geschäftsfähig ist. Man fragt sich, ob das die Erwachsenen eigentlich immer sind. Es geht nicht darum, daß sie hinreisen, wohin sie gerade gerne möchten. Dazu fehlen ihnen zunächst die Mittel und die Selbständigkeit, auch haben sie Angst davor. Das alles wollen Kinder gar nicht, aber Jugendliche könnten es manchmal durchaus verantwortlich mit Gewinn tun, wenn man es ihnen zutrauen würde.

Es geht im Grunde nur darum, daß nicht einfach über Kinder verfügt wird, ohne sie zu fragen, daß ihre Meinung gehört und beachtet wird und daß diese dann auch berücksichtigt wird, wenn es nicht unmöglich ist und vom Kind nicht erkannte negative Folgen hat. Diese aber kann man auch schon kleinen Kindern erklären, und sie werden das akzeptieren, wenn sie Vertrauen haben. Dieses Vertrauen zu erringen, darum geht es. Es ist die Voraussetzung jeder guten Erziehung und auch einer Entwicklung zu verantwortlicher Selbständigkeit der Kinder und Jugendlichen. Das kostet allerdings manchmal Zeit und Mühe. Eigene Rechte des Kindes sollten die verantwortlichen Erwachsenen dazu bringen, sich um das Vertrauen ihrer Kinder zu bemühen, anstatt sich einfach darauf zu verlassen, daß sie ja das Bestimmungsrecht und die Macht über ihre Kinder haben. Dieses Bemühen um das Vertrauen der Kinder scheuen viele Erwachsene. Im Grunde aber verhalten sich jedoch heute schon viele junge Familien so, ohne Probleme und ohne Grundgesetzänderung, und werden so zu intakten und glücklichen Familien.

Wenn Eltern oder Erziehungsberechtigte den Kindern keine intakte Familie bieten können oder nicht in der Lage oder nicht willens sind, die nötige vertrauensvolle Beziehung zu ihnen aufzubauen und zu erhalten, dann ist es wichtig, daß die Kinder in ihrer defizitären Situation jemand finden können, der ihnen dabei hilft, die nötigen Voraussetzungen für eine gute psychosoziale Entwicklung zu schaffen. Dies ist mit mehr Nachdruck möglich, wenn ein eigenes Recht des Kindes dahintersteht. Dem Elternrecht muß im Falle fehlender, unfähiger oder versagender Eltern ein eigenes Kindesrecht gegenüberstehen.

Wenn man von den Kindern Vernunft erwartet und sie ihnen zutraut, werden sie ihre Vernunft eher gebrauchen, als wenn man ihnen immer aufs neue sagt, daß sie ja dazu gar nicht fähig sind. Es spricht auch nichts dagegen, jedem Deutschen von Geburt an ein Wahlrecht zu geben, wie es führende Juristen und Juristinnen gefordert haben. Zunächst würden die Eltern das Wahlrecht für das Kleinkind ausüben, aber schon bald könnten sie mit den heranwachsenden Kindern darüber sprechen, und schon lange vor dem 18. Lebensjahr könnten die Jugendlichen es selbst wahrnehmen. Das würde die Stellung der Familien in der Gesellschaft stärken und die Kinder frühzeitig zu verantwortlich-demokratischer Haltung erziehen. Bei den Alten fragt auch niemand im einzelnen, ob der Wahlberechtigte auch noch über die nötige Einsicht verfüge.

Der Weg zur Realisierung des Kindesrechts ist vorgezeichnet, und er sollte über den reinen Schutz des Kindes hinausführen zu einer gesicherten frühen Selbständigkeit. Wir Erwachsene sollten dies den Kindern und Jugendlichen zutrauen und bereit sein, auf eine Macht zu verzichten, die unser Verhältnis zu den Kindern belastet und die wir nur usurpiert haben. Unsere Kinder sind nicht unser Besitz, sondern nur eine Leihgabe, die wir treuhänderisch zur frühen verantwortlichen Selbständigkeit führen sollen.

Die volle Gleichberechtigung des Kindes ist eine Utopie, aber der realisierbare Weg dorthin ist noch lange nicht an seine Grenzen gestoßen.

Nachweis

Störende Kinder – gestörte Kinder?
›Schwäbisches Tagblatt‹, Ulm, 24. 11. 1979

Kinder, die nicht hören können
In: ›Spielen und Lernen‹, Heft 9, Seelze 1977

Der störende Wunsch des Kindes
Unveröffentlicht

Abschied von den Kindern
Unveröffentlicht

Die Ängste unserer Kinder
Unveröffentlicht. Vortrag vor dem Deutschen Frauenring in
Leverkusen am 22. 2. 1978

Kind und Ehescheidung
Unveröffentlicht

Das Vorschulkind und der Numerus clausus
›Die Zeit‹, Hamburg, 20. 6. 1975

Gerade die Sensiblen bleiben auf der Strecke
›Die Zeit‹, Hamburg, 3. 10. 1975

Sei ein bißchen strenger mit mir!
›Die Zeit‹, Hamburg, 17. 6. 1977

**Schulstress – Modethema oder kollektives Leidens-
syndrom?**
In: ›Aspekte‹, Nr. 10, Frankfurt/Main 1976

Nicht für die Schule, für das Leben lernen wir
In: M. Brauneiser (Hrsg.), ›Was Hänschen nicht lernt…‹,
München 1979

Wer will und wer braucht eigentlich Zensuren?
In: ›Neue Sammlung‹, Heft 6, Stuttgart 1981

*Die Segnungen und Versuchungen der Elektronik
und der Bildmedien*
In: ›Frühe Kindheit, die ersten 6 Jahre‹, 7. Jg. 04/06, 2004,
unter dem Titel: ›Veränderte Gesellschaft – veränderte Kindheit – veränderte Werte‹; erscheint hier gekürzt

Der Glaube an die Gewalt
In: J. Schlemmer (Hrsg.), ›Glauben als Bedürfnis, Beiträge
zum menschlichen Selbstverständnis‹, Frankfurt/Main, Wien
1980

Vorbeugen ist besser als vorbestrafen
In: AGJ (Hrsg.), Bonn

Das Risiko
›Die Zeit‹, Hamburg, 13. 6. 1980, unter dem Titel: ›Wenn
Kinder in den Brunnen fallen‹

Die Angst vor der Zukunft
Unveröffentlicht

Gleichberechtigung des Kindes
In: B. v. Behr, L. Huber, M. Wolff (Hrsg.); ›Perspektiven
der Menschenrechte – Moderne Geschichten und Politik‹,
Band 15, Peter Lang Verlag, Frankfurt am Main 1999

Loriots Werke
im Diogenes Verlag

»Was ich an Loriot mag, ist seine Intelligenz. Was ich am meisten an seinem Werk bewundere, ist die Art, wie gut alles gemacht ist – wie gut es gearbeitet ist, hätte ich beinahe gesagt, als wäre er ein Handwerker, ein Goldschmied etwa –, und meine damit nicht einen Oberflächenglanz, sondern das Wohldurchdachte, das durch und durch Ausgetüftelte, das mit Raffinement und größter Sorgfalt Erzeugte seiner Produktion.«
Patrick Süskind

Loriots Gesammelte Werke
in vier Bänden in Kassette. Alle Bände auch als Einzelausgaben:

Loriots Großer Ratgeber
500 Abbildungen und erläuternde Texte geben Auskunft über alle Wechselfälle des Lebens

Loriots Heile Welt
Neue gesammelte Texte und Zeichnungen zu brennenden Fragen der Zeit, erstmals ›Loriots Telecabinet‹

Loriots Dramatische Werke
Texte und Bilder aus sämtlichen Fernsehsendungen seit ›Loriots Telecabinet‹

Möpse & Menschen
Eine Art Biographie

Außerdem liegen vor:

Fußballfieber
Ein Daumenkino

*Sehr verehrte Damen
und Herren...*
Bewegende Worte zu freudigen Ereignissen, Kindern, Hunden, weißen Mäusen, Vögeln, Freunden, Prominenten und so weiter. Herausgegeben von Daniel Keel. Ausführlich erweiterte und vollständig überarbeitete Neuausgabe

Loriot
Katalog zu Loriots 70. Geburtstag. Mit einem Vorwort von Patrick Süskind und einem Nachwort von Loriot

Große Deutsche
Circa acht Portraits. 12 Einzelblätter in Mappe

Das Frühstücksei
Gesammelte dramatische Geschichten mit Doktor Klöbner und Herrn Müller-Lüdenscheidt, Herrn und Frau Hoppenstedt, Erwin Lindemann u.v.a.

Loriots Kleiner Opernführer
54 Opern fast vollständig erzählt sowie Texte rund um die Oper

Loriot und die Künste
Eine Chronik unerhörter Begebenheiten aus dem Leben des Vicco von Bülow zu seinem 80. Geburtstag. Herausgegeben und mit einem Vorwort von Daniel Keel

*Männer und Frauen passen
einfach nicht zusammen*
Ausgewählt von Daniel Keel und Daniel Kampa

Werkausgabe in Einzelbänden:

Loriots Kleine Prosa
Mit vielen Zeichnungen des Verfassers